Shunmyō Masuno

DON'T WORRY

Shunmyō Masuno

DON'T WORRY

90 Prozent deiner Befürchtungen
treten gar nicht ein!

48 Impulse eines Zen-Mönchs
für ein gelassenes Leben

Aus dem Englischen übersetzt von
Maike und Stephan Schuhmacher

Lotos

Originally published in Japanese as *Shinpaigoto no Kyuwari wa Okoranai*
by Mikasa- Shobo Publishers Co., Ltd., Tokyo.

Die englische Ausgabe erschien 2022 unter dem Titel
»Don't Worry – Because 90% of Your Worries Won't Come True«
im Verlag PENGUIN BOOKS. An imprint of Penguin Random House LLC. USA.

Lotos Verlag

ISBN 978-3-7787-8308-5
2. Auflage 2022

Published by arrangement with PENGUIN BOOKS.
An imprint of Penguin Random House LLC.
The English-language edition is published
by arrangement with Mikasa-Shobo Publishers Co., Ltd.,
Tokyo, c/o Tuttle-Mori Agency, Inc., Tokyo.
Übersetzung ins Englische: Allison Markin Powell

Printed in Germany.
Redaktion: Jürgen Teipel
Einbandgestaltung: Guter Punkt, München,
unter Verwendung von Motiven von © pharut/iStock/
Getty Images Plus und © Phoebe-Yu/iStock/Getty Images Plus
Satz: Leingärtner, Nabburg
Druck und Bindung: GGP Media GmbH, Pößneck

www.ansata-integral-lotos.de

Inhaltsverzeichnis

VORWORT

Rangiere die Dinge aus, die du nicht brauchst.
Lebe ein unendlich einfaches Leben,
frei von unnötigen Ängsten und Sorgen,
ohne dich von den Werten anderer umstimmen zu lassen.

Ich hoffe, dass ich Ihnen in diesem Buch zeigen kann, wie Sie das tun können.

Als Priester des Zenbuddhismus werde ich von vielen Menschen wegen ihrer Probleme konsultiert. Die Vielfalt der Themen, über die sie sprechen wollen, ist endlos, aber wenn ich sie verallgemeinern sollte, würde ich sie als Ängste, Sorgen und Zweifel klassifizieren.

Wenn ich mir diese Probleme genau anhöre, stelle ich Folgendes fest: Bei fast allen handelt es sich in Wirklichkeit um Trugbilder, Annahmen, falsche Eindrücke oder eingebildete Ängste. Man könnte sogar sagen, dass sie ohne jegliche Substanz sind.

»Wie können Sie nur so abschätzig daherreden?«, könnte jemand sagen. »Sie machen das schließlich nicht durch.« Oder: »Ich bin so besorgt, dass ich nichts essen kann!«

Es ist ein bisschen so wie bei dem japanischen Sprichwort, welches sagt, man sehe einen Geist auf einem Feld, obwohl es sich tatsächlich nur um trockenes Schilfgras handelt. Was ich meine, ist, dass es keinen Grund gibt, sich vor etwas zu fürchten, das wie ein Geist aussieht, wo es doch in Wirklichkeit nichts weiter ist als ein verdorrtes Büschel Gras. Mit den Dingen, die uns verwirren und die unseren Geist niederdrücken, ist es nicht anders. Betrachten wir sie objektiv, so stellen wir fest, dass wir uns oft erlauben, Phantome zu fürchten, die gar nicht da sind.

Vielleicht kommt Ihnen das bekannt vor: Etwas, worüber Sie sich Sorgen gemacht haben, hat Sie belastet. Aber dann ließ eine zufällige Bemerkung oder eine zufällige Begebenheit Sie erkennen, wie unbedeutend es war, und Sie waren erstaunt, wie erleichtert Sie sich daraufhin fühlten.

Die Zen-Lehren sind eine Fundgrube solcher Einsichten.

Ich frage mich, woran Sie denken, wenn Sie das Wort Zen hören. Vielleicht assoziieren Sie damit eine esoterische Welt erhabener und tiefgründiger Ideen. Ja, das stimmt: Wir führen manchmal abstrakte Gespräche über Zen-*Koans.*[1] Aber das ist irreführend.

Zen-Lehren können sehr zugänglich sein. Sie sind eng mit unserem Alltagsleben verbunden.

Wenn Sie zum Beispiel eine Wohnung betreten und im Eingangsbereich Ihre Schuhe ausziehen, dann stellen Sie diese ordentlich nebeneinander hin. Selbst etwas dermaßen Einfaches ist im Zen verwurzelt – es ist eine direkte Umsetzung des Zen-Spruchs »Sieh genau hin, was unter deinen Füßen ist«.

Im Zen verwenden wir *Zengo* genannte Redewendungen und Sprüche als Teil unserer Schulung. Sie entstammen Anekdoten und Schriften, die uns helfen, die Weisheit und die Praxis des Zen zu verstehen. Sie werden eine Reihe solcher Zengo in diesem Buch finden, und am Ende des Buches sind sie in einem Index zusammengefasst.

Ein weiteres Zengo, »Iss und trinke mit ganzem Herzen«, lehrt uns, uns nicht durch unnötige Dinge ablenken zu lassen. Wenn Sie eine Tasse Tee trinken, konzentrieren Sie sich nur auf das Trinken des Tees, oder wenn Sie eine Mahlzeit einnehmen, konzentrieren Sie sich nur auf das Essen dieser Mahlzeit.

Das mag alles ganz gewöhnlich erscheinen, aber nur wenn wir diese Worte in die Praxis umsetzen und sie uns zur Gewohnheit machen, werden wir in der Lage sein, uns auf das Hier und Jetzt zu konzentrieren. Auf diese Weise befreien wir uns von unnötigen Ängsten, und unser Geist kann zur Ruhe kommen.

Anstatt uns also den Kopf darüber zu zerbrechen, was in der Zukunft passieren könnte, sollten wir uns nur auf das Hier und Jetzt konzentrieren. Es geht darum, zu reduzieren, loszulassen, hinter uns zu lassen. Wenn wir das tun können, werden wir uns einer ruhigeren, entspannteren und positiveren Version von uns selbst erfreuen.

Gasshō[2]
SHUNMYŌ MASUNO

TEIL EINS

Reduzieren, loslassen, zurücklassen.

Zen als ein Weg, Ängste und Sorgen
in Schach zu halten.

1

MACH DIR KEINE ILLUSIONEN.

Zen lehrt uns, uns nicht zu vergleichen.

Eines der Zengo sagt: »Mach dir keine Illusionen.«

Anders formuliert bedeutet dies: »Sei nicht verblendet.«

Man könnte meinen, dass sich das Wort Verblendung auf alle möglichen Hirngespinste bezieht. Aber im Zen hat das Konzept der Verblendung eine viel tiefere und umfassendere Bedeutung.

Was auch immer sich in Ihrem Geist festsetzt, was auch immer Ihr Herz umklammert und es einschränkt – all das sind Verblendungen.

Selbstsüchtige Wünsche nach diesem oder jenem, Anhaftungen, die wir nicht loslassen wollen – auch das sind Verblendungen.

Neid auf andere, Gefühle von Selbstzweifeln, das sind ebenfalls Wahnvorstellungen.

Natürlich ist es uns nicht möglich, uns von allen Täuschungen zu befreien, die sich in unserem Geist festsetzen. Eine solche Befreiung ist der Zustand, den der Buddha erreicht hat. Als gewöhnliche Menschen müssen wir akzeptieren, dass es immer Verblendungen in unserem Herzen und Geist geben wird.

Das Wichtigste ist, diese Verblendungen, so weit es uns möglich ist, zu reduzieren. Dazu sind wir alle fähig. Aber um das tun zu können, müssen wir zunächst den wahren Charakter unserer Täuschungen erkennen.

Es gibt ein berühmtes Zitat des chinesischen Militärstrategen und Philosophen Sunzi: »Wenn du dich und den Feind kennst, brauchst du den Ausgang von hundert Schlachten nicht zu fürchten.« Das heißt: Wenn Sie Ihren Feind nicht kennen, werden Sie nicht verstehen, was Sie tun müssen, um ihm standhalten zu können.

Was ist die Ursache für diese Täuschungen? Es ist die dualistische Denkweise, die die Dinge in Gegensätze einteilt.

Wir stellen zum Beispiel Gegensätze auf wie Leben und Tod, Sieg und Niederlage, Schönes und Hässliches, Reich und Arm, Gewinn und Verlust, Liebe und Hass.

Der Tod wird als Gegensatz zum Leben gesehen, und wenn man die beiden miteinander vergleicht, nimmt man das Leben als heilig und wertvoll wahr, den Tod dagegen als leer und trist.

»Der Typ hat einfach Glück. Mir scheint nie etwas zu gelingen.«

»Wie kommt es, dass ich bei allem der Verlierer bin, während sie immer gewinnt?«

Eine einzige Erfahrung färbt auf alles andere ab. Wir wenden sie auf unser ganzes Leben an. Während wir das tun, stauen sich Gefühle der Selbstverurteilung und Neid auf andere in uns an, bis wir davon verzehrt werden.

In der Tat könnte man sagen, dass wir unter dem Einfluss der Menschen um uns herum stehen; dass wir durch unsere Wahnvorstellungen gebunden sind.

Aber fragen Sie sich Folgendes: Welchen Sinn hat es, sich mit anderen zu vergleichen?

Ein weiteres Zengo lautet: »Einmal erleuchtet, gibt es keine Vorlieben mehr.«

Wenn wir dies auf menschliche Beziehungen anwenden, können wir andere vielleicht so akzeptieren, wie sie sind – unabhängig davon, ob wir sie mögen oder hassen (oder ob sie besser oder schlechter sind als wir) –, ohne uns von unseren Emotionen mitreißen zu lassen.

Dōgen Zenji[3], der Gründer der Sōtō-Schule des Zenbuddhismus in Japan, sagte: »Die Taten der anderen sind nicht meine eigenen.« Er lehrte, dass das, was andere tun, nichts mit dem zu tun hat, was wir selbst tun. Die Bemühungen eines anderen bringen uns selbst nicht voran.

Wir können uns allein durch unsere eigenen Bemühungen verbessern.

Zen lehrt, dass die Existenz jedes Dings und jeder Person absolut ist, allein für sich selbst. Es ist kein Vergleich möglich.

Das gilt für Sie und für andere.

Es gibt keinen Vergleich. Wenn wir versuchen Dinge zu vergleichen, die sich nicht vergleichen lassen, wird unser Geist von etwas eingenommen, was irrelevant ist, und das ist es, was Angst, Sorgen und Furcht erzeugt.

Wenn Sie aufhören zu vergleichen, werden Sie sehen, dass neunzig Prozent Ihrer Täuschungen verschwinden. Ihr Herz fühlt sich leichter an. Das Leben ist entspannter.

»Mach dir keine Illusionen« – denken Sie immer wieder an diese Worte. Lassen Sie sie zu etwas werden, womit Sie sich selbst aufmuntern können. »Ich glaube an mein absolutes Selbst, ohne jeden Vergleich!«

2

KONZENTRIERE DICH AUF DAS JETZT.

Es geht darum, uns selbst wertzuschätzen.

Manche Menschen grübeln ständig über Erinnerungen. Man könnte sagen, dass sie in der Vergangenheit feststecken.

Ein Zengo sagt: »Verweile im Atem.«

Wörtlich genommen bedeutet dies: Lebe im Moment des Atemholens, und zwar so gewissenhaft wie möglich.

Darin klingt auch der buddhistische Leitsatz »Wohne in den drei Welten« an.

Die drei Welten sind Vergangenheit, Gegenwart und Zukunft. Wir leben in den Verbindungen zwischen diesen drei Welten; doch wenn wir uns in der Gegenwart befinden, ist die Vergangenheit bereits tot, während die Zukunft erst noch geboren wird.

So erklären wir das buddhistische Konzept des Samsara, des Kreislaufs von Tod und Wiedergeburt, in dem alles geboren wird und dann stirbt, und alles, was stirbt, wiedergeboren wird.

Mit anderen Worten: Es ist sinnlos, über die Vergangenheit zu grübeln, die tot und vorüber ist. Genauso wenig sollten wir über die Zukunft nachdenken, die erst noch geboren werden muss.

Das heißt: Alles, was zählt, ist, wie wir im Hier und Jetzt leben.

Es gibt ein *Senryū*, ein dreizeiliges Gedicht, welches lautet:

Selbst die angeschlagene Schale
war einst ein Kirschbaum
auf dem Berg Yoshino

Was jetzt wie eine angeschlagene Essschale aussieht, stand einst auf dem Berg Yoshino, als prächtiger Kirschbaum in voller Blüte, der Jahr für Jahr von Scharen Schaulustiger ob seiner Schönheit bestaunt wurde.

Ruhm und Glorie unserer Vergangenheit sind die Grundlage für unseren heutigen Zustand.

Aber hier geht es nicht nur um die Yoshino-Kirschblüten. Einige Menschen scheinen keine Gelegenheit auszulassen, ihre glanzvolle Vergangenheit zu erwähnen.

»Ich habe an einem ganz großen Projekt gearbeitet.«

»Ich bin derjenige, der das Projekt zu einem Erfolg gemacht hat.«

Natürlich ist es wichtig, die Befriedigung anzuerkennen, die man aufgrund einer gut gemachten Arbeit empfindet. Es ist auch schön, ein Glas zu erheben, um einen Sieg zu feiern. Aber ist es angemessen, so oft auf alten Geschichten herumzureiten?

Ändern wir unsere Perspektive ein wenig.

»Nicht schon wieder dieses alte Steckenpferd. Das ist so langweilig und öde.«

Haben Sie so etwas schon einmal gehört?

Ehrlich gesagt ist es unangenehm, sich immer und immer wieder langatmige Erzählungen über vergangene Ruhmestaten anhören zu müssen. Und ist solches Gerede nicht eher peinlich für denjenigen, der redet? Man denkt fast unvermeidlich, dass dieser Mensch ziemlich unglücklich ist.

Die Fixierung auf die Vergangenheit ist ein Zeichen dafür, dass es einer Person an Vertrauen in die Gegenwart mangelt. So schleichen sich Ängste, Sorgen und Furcht in Herz und Gemüt ein. Man könnte sogar sagen, dass dies gleichbedeutend ist mit einer Untergrabung des gegenwärtigen Selbst.

Ich wiederhole diese Aussage noch einmal, damit sie sich Ihrem Gedächtnis einprägt: Alles, was zählt, ist, wie wir im Hier und Jetzt leben.

Wenn Sie die Tatsache beklagen, dass Ihr gegenwärtiges Selbst nicht mehr ist als eine angeschlagene Schale (oder eine berufliche Sackgasse oder ...), wird das Ihr Unglücklichsein nur noch vergrößern. Selbst eine angeschlagene Essschale kann ein Gefäß für eine köstliche Suppe sein, die die Seele von jemandem wärmt.

Also lassen Sie uns die beste angeschlagene Schale sein, die wir sein können!

Für mich bedeutet das, im Atem zu verweilen.

3

BELASTE DICH NICHT UND ZIEH DICH NICHT RUNTER.

Schaffe einen Platz in deinem Wohnraum, an dem sich dein Geist ausruhen kann.

Haben Sie eine »spirituelle Wohnstätte«?

Früher gab es in fast jedem japanischen Haus einen Altar oder einen Schrein. Es gehörte zum Alltag, dass jedes Familienmitglied sich davorsetzte, Weihrauch opferte (wenn es sich um einen buddhistischen Altar handelte) und dann die Hände zum Gasshō zusammenlegte.

Die Kinder lernten diese Praxis, indem sie ihre Eltern und Großeltern beobachteten, die ihre Hände zum Gebet und zur Anrufung zusammenlegten und damit gleichzeitig auch die Ehrerbietung für ihre Vorfahren pflegten.

Vielleicht stimmen Sie zu, dass dies eine der schönen Traditionen Japans ist, ein schöner Brauch.

Wenn früher ein anderer Zweig der Familie einen neuen Haushalt einrichtete, war eines der ersten Dinge, die man tat, einen Altar aufzustellen und die Ahnen im neuen Heim willkommen zu heißen. Aus diesem Grund gab es in jedem Haus einen Altar, und die Ahnen waren im Alltag jeder Familie präsent.

Aber wie viele Menschen haben heutzutage einen Altar in ihrem Haus? Wenn wir nur die Menschen berücksichtigen, die in den Städten leben, ist die Zahl wahrscheinlich verschwindend klein. Wobei die beengte Wohnsituation in der Stadt sicherlich ein Faktor ist; aber es gibt noch einen weiteren Grund.

Und der hat mit der Tatsache zu tun, dass die überwältigende Mehrheit der Stadtbewohner nach dem Krieg in die Städte gezogen ist und sie ihre Heimatorte in jungen Jahren verlassen haben, um in den urbanen Zentren zu leben. Nach Ansicht dieser Menschen sind ihre Vorfahren in ihrem Heimatort geblieben, wo sie ihre Eltern oder das Familienoberhaupt beschützten. Darum haben sie selbst nicht das Gefühl, dass der Buddha in ihrem Leben präsent ist.

Vielleicht sind sie auch in die Stadt gezogen, bevor ihre Eltern die Möglichkeit hatten, ihnen genügend Wissen über ihre Vorfahren zu vermitteln, sodass es ihnen natürlich erscheint, in einem Haus ohne Altar zu leben. Also geht unsere schöne Tradition im Verlauf der Generationen allmählich verloren.

Ich kann mich des Eindrucks nicht erwehren, dass es einen Zusammenhang gibt zwischen dieser Tatsache und der Verdrossenheit, die die Menschen heute empfinden.

Der Akt des Zusammenlegens der Handflächen vor den Ahnen ist nicht nur ein zeremonielles Ritual. Es ist eine Weise, Dankbarkeit auszudrücken für das Leben, das wir jetzt haben, für alles, was von Generation zu Generation an uns weitergegeben wurde.

Es gibt keinen einzigen Menschen unter uns, der leben würde, wenn es seine Vorfahren nicht gegeben hätte.

Ich beginne jeden Morgen, indem ich meine Hände zusammenlege und sage: »Ich bin dankbar dafür, dass ich einen weiteren Tag bei guter Gesundheit begrüßen kann.« Und jeden Abend lege ich erneut die Hände zusammen und spreche meine Dankbarkeit aus:

»Ich bin dankbar dafür, dass ich einen weiteren Tag überstanden habe.«

Manchmal führe ich auch Gespräche mit meinen Vorfahren.

Jeder von uns macht im Laufe seines Lebens verschiedene Erfahrungen. Es gibt Fehler, die wir bei der Arbeit machen, und Komplikationen in unseren Beziehungen; Dinge, die uns verwirren und unseren Geist runterziehen.

Mit Ihren Vorfahren können Sie offen über all diese Dinge sprechen. Es ist erstaunlich, wie authentisch Sie im Gespräch mit Ihren Ahnen Sie selbst sein können.

Natürlich werden Ihre Ahnen Ihnen keine Antwort geben, aber wenn Sie sich Ihre Gefühle von der Seele reden, werden Sie sich ruhig und friedlich fühlen. Das wird Sie von Gefühlen der Verdrossenheit befreien und Sie zu einer positiven Einstellung führen.

Man könnte auch sagen, dass die Zeit, die Sie mit Ihren Ahnen verbringen, Ihrem Geist die Möglichkeit gibt, zur Ruhe zu kommen. Und wenn Sie Ihre Hände nicht in Dankbarkeit zusammenlegen? – Nun ja, dann ist das genau eine verpasste Gelegenheit weniger, Ihren Geist zu beruhigen.

Natürlich mögen Sie es nicht so einfach finden, einen Altar aufzustellen. Aber Sie müssen dabei nicht sonderlich wählerisch sein. Sie können einfach Fotos von Ihren Vorfahren aufstellen. Wählen Sie einen Platz in Ihrer Wohnung, an dem Sie sitzen können. Wann immer Ihr Herz sich schwer anfühlt oder sich ein Gefühl der Verdrossenheit regt, gehen Sie dorthin und bleiben Sie still sitzen, während Sie die Hände zusammenlegen. Verweilen Sie so eine Weile, während Sie Ihr Herz ausschütten. Ich bin mir sicher, dass Ihr Geist sich auf diese Weise beruhigt und Ihre Einstellung positiver sein wird.

Dieser Platz, der nur einen kleinen Teil Ihres Wohnraums einnimmt, wird eine drastische Wirkung auf Ihren Geist haben. Was auch immer Ihren Geist belastet oder Ihr Herz betrübt hat, wird verschwinden.

Das ist es, was es bedeutet, eine »spirituelle Wohnstätte« zu haben. Ich rate Ihnen, sich ein solches Zuhause zu schaffen.

4

REDUZIERE DEINE BESITZTÜMER.

Das wird sowohl deinen Geist als auch deinen Körper entlasten.

Es fällt uns oft schwer, uns von Dingen zu trennen, die wir einmal erworben haben. Jeder von uns kann dieses Gefühl mehr oder weniger gut nachempfinden. Es kann sogar zu einer Quelle der Verzweiflung werden.

Oft höre ich Menschen sagen: »Meine Wohnung ist zu eng. Ich weiß nicht, woher ich so viel Kram habe.«

Kurz nach dem Einzug ist die Wohnung ordentlich und aufgeräumt, und es scheint, als gäbe es dort genügend Platz, um bequem zu leben. Aber ehe man sichs versieht, ist die Wohnung vollgestopft mit Dingen und alles andere als ein Ort der Entspannung.

Das hat eine bedrückende Wirkung. Ich spreche dabei gar nicht mal von Messies, die in »Müllvillen« leben, denn ich denke, jeder von uns hat mehr als nur ein wenig Erfahrung mit diesem Thema.

Die Ursache liegt auf der Hand. Es liegt an der Unfähigkeit, sich von Dingen zu trennen; an der Unwilligkeit, Dinge wegzuwerfen.

Im Zen haben wir ein Wort für das Almosengeben: *Kisha*. Es bedeutet: »Gerne und ohne Reue etwas weggeben.« So beschreiben wir den Brauch, beim Besuch eines Tempels oder Schreins Münzen in eine Spendenbox zu werfen.

Warum sollte man etwas so Wichtiges wie Geld gerne weggeben? Der Grund dafür ist, dass wir einige unserer Anhaftungen aufgeben, wenn wir Dinge weggeben.

Da Anhaftungen mit einiger Wahrscheinlichkeit unseren Geist trüben, vermag das Loslassen von Anhaftungen uns glücklich zu machen.

Das gilt auch für Besitztümer.

Werfen Sie einen kurzen Blick auf die Dinge, die Sie umgeben. Haben Sie Kleidung in Ihren Schränken oder Kommoden, die Sie schon seit Jahren nicht mehr getragen haben? Haben Sie Taschen, die Sie nur ein- oder zweimal benutzt haben, oder diversen Schnickschnack, der wertvollen Platz wegnimmt?

»Das werde ich eines Tages benutzen.«

So lautet stets die Ausrede, die als Rechtfertigung für die weitere Aufbewahrung benutzt wird. Aber wenn Sie in den letzten, sagen wir mal, drei Jahren nicht ein einziges Mal an diese Dinge gedacht haben, glauben Sie wirklich, dass Sie bald das Bedürfnis haben werden, sie zu benutzen?

Werden Sie eine Tasche, die seit fünf Jahren nicht mehr das Licht der Welt erblickt hat, überhaupt je wieder benutzen? Oder die schwarze Hose, die seit einer Ewigkeit im Schrank hängt und eigentlich nicht richtig passt, werden Sie die doch irgendwann tragen? Antwort lautet höchstwahrscheinlich nein.

Wenn Ihnen das bekannt vorkommt, müssen Sie Ihre diesbezüglichen Gefühle loslassen und sich trauen, Dinge wegzuwerfen.

Ich weiß, dass dies im Widerspruch zu der Forderung stehen kann, nichts zu verschwenden. Es ist wahr – es kann verschwenderisch erscheinen, Dinge wegzuwerfen. Aber es kommt darauf an, *wie* man sie loswerden will.

Wenn eine Freundin oder eine andere Person, die Sie kennen, nicht mehr benutzte Kleidungsstücke tragen oder andere Dinge gebrauchen kann, dann können Sie ihr diese Dinge schenken oder sie einer caritativen Organisation spenden. Eine andere Möglichkeit, Dinge loszuwerden, ist ein Flohmarkt oder die mittlerweile vielen Internetplattformen.

Jede dieser Möglichkeiten entspricht der Mentalität, Dinge nicht wegzuwerfen, und gleichzeitig der Geisteshaltung des Kisha, des Almosengebens.

Wenn Sie sich von Dingen trennen, die Sie loswerden sollten, schaffen Sie mehr Platz in Ihrer Wohnung, was den Komfort erhöht und Ihr tägliches Leben verbessert. Natürlich wird dies positive Auswirkungen auf Ihr körperliches und seelisches Wohlbefinden haben.

Es gibt allerdings Dinge, die man behalten sollte – Dinge, die man nicht wegwerfen kann, unabhängig davon, ob man sie benutzt oder nicht. Dazu gehören Andenken und Erinnerungsstücke, die Sie von Ihren Eltern und Großeltern geerbt haben, sowie Gegenstände, die Sie speziell für die Familie gekauft haben oder die Sie an etwas ganz Besonderes erinnern sollen.

Die Herausforderung besteht darin, zu bestimmen, was in welche Kategorie fällt.

Meiner Meinung nach ist der wichtigste Faktor, welche Gefühle Sie mit einem Ding verbinden. Weckt es Erinnerungen und erwärmt Ihr Herz, wenn Sie es in der Hand halten? Erinnert es Sie an die Person, die es Ihnen geschenkt hat, und macht es Sie glücklich? Fühlen Sie sich erleichtert oder gestärkt?

Das hat nichts mit dem Geldwert zu tun. Es gibt Dinge, die es wert sind, aufbewahrt zu werden, ganz gleich, wie alt und ramponiert sie sind, selbst wenn sie kaputt sind. Diese Gegenstände sind viel mehr als bloßer Kram – sie sind eng verbunden mit Ihrem Leben. Suchen Sie sich eine schöne Kiste, in der Sie diese Dinge verstauen und aufbewahren können.

Im Zen sprechen wir von »Hand in Hand gehen«.

Das bedeutet, mit denjenigen durchs Leben zu gehen, an die wir wirklich glauben und denen wir vertrauen, einschließlich unseres wesentlichen Selbst. Die Dinge, die es uns ermöglichen, unsere Erinnerungen zu bewahren, sind zu einem nicht geringen Teil auch für dieses Gefühl verantwortlich.

5

SEI EINFACH SO, WIE DU BIST.

Konzentriere dich nicht auf Dinge,
über die du keine Kontrolle hast.

Jedes Quäntchen deiner Kraft in das zu investieren, was du gerade tust, scheint mir eine bewundernswerte Art zu sein, durchs Leben zu gehen. Doch wenn wir dies als Leitlinie für unser Leben nehmen, sollten wir uns Folgendes vor Augen halten: Es gibt Dinge auf dieser Welt, über die wir keine Kontrolle haben.

Neigen Sie dazu, zu denken, dass Sie jeder Angelegenheit Ihre ganze Kraft widmen sollten, dass Sie auf die eine oder andere Weise kühn versuchen müssen, die Umstände so zu gestalten, wie Sie sie haben wollen?

Es gibt allerdings Dinge, über die wir tatsächlich keine Kontrolle haben. Wir können unsere gesamte Energie auf etwas verwenden und es mit ganzer Seele angehen, aber nichts wird sich ändern. Ganz gleich, wie sehr wir uns anstrengen, wir werden uns nur aufreiben und darunter leiden.

Dieses eine Leben, das uns gegeben ist, ist voll von Dingen, über die wir keine Macht haben.

Sind Sie zum Beispiel in der Lage, Ihren Herzschlag anzuhalten? Ihr Herz funktioniert von selbst, und Sie können nichts daran ändern.

Das Leben an sich besteht aus Dingen, über die wir keine Macht haben, die außerhalb unseres Einflussbereichs liegen.

Es gibt einen Grund, warum wir im Buddhismus annehmen, dass wir eher als durch unsere eigene Instanz von einer Kraft geleitet werden, die größer ist als wir selbst – sei es eine makrokosmische Wahrheit oder die Buddha-Natur.

Wenn wir einsehen, dass der Bereich, aus dem unsere Lebenskraft entspringt, sich unserer Kontrolle entzieht, erkennen wir leicht, wie viele andere Dinge in diese Kategorie fallen. Ist es nicht eine Erleichterung zu erfahren, dass es nicht nötig ist, uns übermäßig anzustrengen?

Es ist also am besten, die Dinge, über die wir keine Kontrolle haben, so zu akzeptieren, wie sie sind. Wir können unserer Gesundheit noch so viel Sorgfalt und Aufmerksamkeit widmen – wir leiden dennoch unter Krankheiten oder Verletzungen.

Wir beklagen uns vielleicht: »Ich habe mich so sehr bemüht, mich um meine Gesundheit zu kümmern, aber ich wurde trotzdem krank. Ich habe wohl nicht genug aufgepasst!« Aber damit diskreditieren wir die Realität, dass wir in der Tat krank sind. Das ist einfach sinnlos. Mehr noch: Indem wir uns selbst verurteilen und beschuldigen, werden wir in unserem Denken immer negativer.

Die Schriftzeichen des japanischen Worts für Krankheit (病 = krank, 気 = Geist) verdeutlichen, dass es unser Geist ist, der leidet. Wenn wir krank sind, schwächelt also unser Geist, was sich dann wieder auf unseren Zustand auswirkt.

Sind wir verletzt, dann ist oft ein Teil des Körpers beeinträchtigt.

»Oje, ich kann mich nicht mehr so bewegen wie früher. Warum musste mir das passieren?« Ihr Schicksal zu bejammern wird Ihren körperlichen Zustand nicht verbessern. Eine solche Angewohnheit wird Ihre Tage nur noch düsterer machen.

Es geht hier um Situationen, in denen wir machtlos sind. Es gibt keine andere Möglichkeit als die Akzeptanz. Sie können versuchen, sich dagegen zu wehren, aber letztlich bleibt Ihnen nur, die Tatsachen zu akzeptieren.

Warum sollten Sie das also nicht bereitwillig tun?

So wie Sie sind, ohne Veränderung – dies ist Ihr wahres Selbst. Es ist alles, was jede und jeder von uns jemals sein kann.

Sobald Sie die Dinge, über die niemand die Kontrolle hat, für sich selbst akzeptieren, werden Sie mit den Umständen leben können. Sie werden in der Lage sein, sich dem, was Ihr wahres Selbst ist – so wie Sie sind, ohne Veränderung – zu stellen. Sie werden nicht mehr auf Dinge fixiert sein, an denen Sie nichts ändern können, und Sie werden fähig sein, mit positiver Einstellung an die Dinge heranzugehen, die Sie tatsächlich bewältigen können.

Ich habe das Beispiel der Gesundheit gewählt, aber natürlich gibt es in jeder Situation alle möglichen Dinge, denen gegenüber Sie machtlos sind. Konzentrieren Sie sich nicht auf diese Dinge, sondern auf das, was in Ihrer Macht steht.

6

NIMM DEINE GEFÄRBTE BRILLE AB.

Dadurch werden neunzig Prozent deiner Sorgen über persönliche Beziehungen gegenstandslos.

Unsere persönlichen Beziehungen können ausgesprochen verwirrend sein.

Man kann wohl mit Fug und Recht behaupten, dass die meisten Ängste, Sorgen und Befürchtungen, die uns belasten, mit persönlichen Beziehungen zu tun haben. Arbeit, Gemeinschaft, Schule, Freunde, Familie, Geschwister, Verwandte, Partner – unsere Beziehungen sind vielschichtig. Und manchmal werden sie kompliziert und führen zu Ängsten, Sorgen und Befürchtungen, die unseren Geist vernebeln.

»Mein Chef und ich scheinen einander nicht zu verstehen. Ganz gleich, wie sehr ich mich anstrenge, ich schaffe es einfach nicht, die Dinge zum Laufen zu bringen.«

»Ich versuche, verständnisvoll zu sein, aber mein Freund ist einfach nicht verlässlich.«

»Die Frau von nebenan verhält sich immer so, als wolle sie mir aus dem Weg gehen.«

Es liegt in der menschlichen Natur, dass wir negative Gedanken nur schwer vertreiben können, wenn wir erst einmal darauf fixiert sind. Man könnte sogar sagen, dass sie sich dann im Großen und Ganzen eher verstärken.

Der Chef, mit dem Sie sich nicht einigen können, ist dann einfach »unmöglich«. Sie beginnen den Charakter des unzuverlässigen Freundes infrage zu stellen. Die Frau von nebenan, die Sie meidet, will Ihnen Böses. Wenn Sie solche Gedanken wälzen, verschlechtern Sie nur noch Ihre Situation.

Wenn man die Dinge jedoch zu dem Punkt zurückverfolgt, an dem sie begonnen haben, dann erweist sich der Ursprung fast immer als etwas Triviales. Sie hatten in einer Besprechung eine kleine Meinungsverschiedenheit mit Ihrem Chef. Ihr Freund hat versehentlich vergessen, was er mit Ihnen ausgemacht hat. Sie haben irgendwann mal den Gruß der Nachbarin nicht erwidert.

Das sind alles Bagatellen, und in jedem Fall wurde nur eine Facette der anderen Person in Betracht gezogen.

Das ist es, was ich als »gefärbte Brille« bezeichne. Ich meine damit, dass man vorgefasste Meinungen hat. Sie scheinen unerheblich zu sein, aber sie können Probleme verursachen, wenn sie die Möglichkeit haben, sich in Ihrem Kopf festzusetzen.

Haben Sie schon einmal eine solche Erfahrung gemacht? Sie sind zum Beispiel im Begriff, einen neuen Mitarbeiter kennenzulernen, und Sie erhalten von jemand anderem eine Information über ihn.

»O ja, er steht in dem Ruf, schwierig zu sein. Du wirst ihn morgen treffen? Da solltest du dich in Acht nehmen. Aber vielleicht gibt es ja keine Probleme.«

So geht das nicht. Ihr neuer Arbeitskollege wurde gerade in die Schublade »schwierig« gesteckt. Es ist leicht, sich vorzustellen, wie das Treffen verlaufen wird. Der neue Kollege mag noch so entgegenkommend sein: Selbst unter Berücksichtigung einer gewissen Zurückhaltung oder Nervosität ist es Ihnen fast unmöglich, seine wahre Natur zu erkennen. Beeinträchtigt durch Ihre Voreingenommenheit, werden Sie im Umgang mit ihm besonders vorsichtig sein, was dazu führen kann, dass Sie ihn verletzen.

Im Zen sagen wir: »Trage keine gefärbte Brille.«

Das ist eine deutliche Ermahnung, Menschen nicht nur auf der Grundlage vorgefasster Meinungen zu beurteilen.

Beruht Ihre Beurteilung eines Menschen nur auf einer einzigen Information oder einer negativen Vorstellung oder Emotion, die aus der Erfahrung einer einzigen Facette der Persönlichkeit dieses Menschen resultiert, dann werden Sie ihn unweigerlich falsch einschätzen.

Nehmen Sie also zunächst Ihre gefärbte Brille ab. Und prägen Sie sich den folgenden Zen-Satz ein: »Alle Lebewesen, ohne Ausnahme, haben die Buddha-Natur.«

Das bedeutet, dass wir alle das Potenzial zur Verwirklichung der uns innewohnenden Reinheit und Vollkommenheit des Geistes besitzen, die unsere Buddha-Natur ist.

»Was ich selbst gesehen habe, ist nur ein Aspekt von ihm. Das nächste Mal werde ich versuchen, seine Buddha-Natur zu entdecken.«

Zen lehrt uns zu erfahren, dass wir alle Buddha-Natur besitzen (Freundlichkeit und Verständnis, Wärme und Großherzigkeit ...), und dass wir, sobald wir versuchen, die Buddha-Natur in allen fühlenden Wesen zu sehen, feststellen werden, dass diese in unserem eigenen Herzen Resonanz findet.

Nehmen wir unsere gefärbte Brille ab und sehen mit klaren Augen: Dann werden uns flüchtige Einblicke in die Buddha-Natur anderer nicht entgehen.

Wenn Sie in der Lage sind, die verschiedenen Facetten der Menschen zu sehen, werden Sie vielleicht feststellen, dass der Chef, mit dem Sie bisher nicht übereinstimmen konnten, Sie jetzt bevorzugt, auch wenn er immer noch streng ist; dass der unzuverlässige Freund leichtlebig und liebenswert ist, wenn auch etwas schusselig; und dass die Dame von nebenan, die Sie bisher gemieden hat, manchmal einfach schüchtern, aber unprätentiös ist, und dass sie ein Herz aus Gold hat.

Ich hoffe, Sie werden erkennen, dass hinter negativen Gefühlen oder Meinungen in Wirklichkeit Sie selbst mit Ihrer farbigen Brille stehen. Sobald Sie diese Brille abnehmen, wird sich Ihre Sichtweise dramatisch verändern.

Die Buddha-Natur der anderen wird Ihnen immer deutlicher werden. Sobald sie offenbar ist, werden die Irritation und der Ärger, die Sie einst empfunden haben, sowie das Unbehagen, die Sorgen und Ängste, die in Ihren persönlichen Beziehungen wurzeln, verschwinden, bevor Sie sichs versehen.

7

SEI FREUNDLICH.

Nimm Rücksicht, unabhängig von deinem Status oder deiner Position.

Je mehr wir an Dingen festhalten, desto mehr wachsen unsere unnötigen Ängste.

Zum Beispiel hat jeder Mensch dort, wo er arbeitet, einen bestimmten Status, oder er hat eine bestimmte Stellung in der Gesellschaft. Es ist für jeden von uns wichtig, diesem Status gerecht zu werden, aber wir neigen auch dazu, uns daran zu klammern. Das kann problematisch sein.

Nehmen wir an, jemand hat in dem Unternehmen, in dem wir arbeiten, den Posten des Managers oder des Vizepräsidenten übernommen, und alles, was ihn interessiert, ist die Bewahrung seines eigenen Postens. Er verhält sich so, als hätte er sich schon lange gewünscht, diesen Rang zu erreichen, und jetzt, wo er ihn erlangt hat, will er ihn nie wieder hergeben, ganz gleich was passiert.

Unnötig zu erwähnen, dass ein solches Verhalten Probleme bei der Organisation verursachen kann. Es wirkt sich nachteilig auf die Ausbildung und Entwicklung der diesem Menschen unterstellten Mitarbeiter aus und kann zu weniger Offenheit in der Organisation führen.

Ein Chef, der sich an seinen Status oder seine Position klammert oder der übermäßig daran hängt, ist bei seinen Untergebenen nicht beliebt – auch wenn er vielleicht der Einzige ist, der das nicht merkt.

Wir haben hierfür kein Zengo, aber im *Buch der Dokumente*, einem der fünf Klassiker des Konfuzianismus, heißt es: »Hochmut führt zum Scheitern, und Demut wird belohnt.«

Mit anderen Worten: Eine arrogante und wichtigtuerische Person erleidet Verluste, während ein bescheidener Mensch Vorteile erntet. Es ist wichtig zu erkennen, wann wir Dinge freundlich abgeben sollten, wenn die Zeit dafür gekommen ist, anstatt uns an unseren Status oder unsere Position zu klammern.

Natürlich hat ein Vorgesetzter in vielen Unternehmen normalerweise nicht die Befugnis zu entscheiden, dass ein ihm unmittelbar Untergebener seine Position übernehmen soll, wenn er in den Ruhestand geht. Aber er kann Prozesse in Gang bringen, wie etwa Untergebenen die abschließenden Verhandlungen mit seinem Kundenstamm zu überlassen, jemand anderem die Verantwortung als Ausschussvorsitzender zu übertragen, eine Rotation jener Untergebenen, welche die allmorgendliche Besprechung leiten, zuzulassen – es gibt viele Möglichkeiten.

Die Übergabe Ihrer Verantwortung bedeutet nicht, dass Sie von Ihren Untergebenen überholt werden. Schließlich haben Sie jahrelang Erfahrung in dieser Position gesammelt. Mehr noch, Ihre Erfahrung verschafft Ihnen einen Vorteil. Sie können wertvolle Ratschläge geben und haben eine unvergleichliche Perspektive zu bieten.

Wenn Ihre Untergebenen Ihnen gegenüber nicht mehr über alles Rechenschaft ablegen müssen, wenn sie von Ihnen mit eigenverantwortlich durchzuführenden Projekten betraut werden, kann es natürlich passieren, dass einige von ihnen ratlos oder ängstlich sind, oder dass sie Zeit brauchen, sich der neuen Situation anzupassen. Aber gerade in dieser Zeit werden diese Menschen besonders dankbar sein, wenn sie von einer erfahrenen Stimme geleitet werden. Mehr als alles andere wird ihnen das helfen, Kompetenz zu entwickeln und ihr Potenzial auszuschöpfen.

Das genaue Gegenteil des von allen gehassten Vorgesetzten ist der Vorgesetzte, der verlässlich und beruhigend verfährt. Und selbstverständlich belebt er auch das Unternehmen.

Je mehr Sie glauben, Ihren Status oder Ihre Position verteidigen zu müssen, desto mehr säen Sie die Saat unnötiger Sorgen und desto schwieriger ist es für Sie, zur Ruhe zu kommen.

Wenn Sie in der Lage sind, leicht zu delegieren, ohne sich an Ihre Position zu klammern, werden die Sorgen, die Sie plagten, von selbst von Ihnen abfallen, und Sie werden sich mit einer weiten Perspektive und einem beschwingten Herzen wiederfinden.

Hier ist das Todesgedicht von Gracia Hosokawa, die sich lieber von einem Samurai ihres Familienclans den Tod geben ließ, als dessen politischem Gegner in die Hände zu fallen und als Geisel zu dienen:

Eine Blüte ist dann am schönsten,
wenn sie ihre Zeit zu fallen kennt.
So will auch ich, ohne zu zögern, sterben.

Ist es nicht höchst erfrischend, von jemandem zu hören, der weiß, wann man gehen und die Dinge abgeben muss?

8

ERKENNE DEINE BEGRENZUNGEN.

Wir können nur im Rahmen unserer eigenen Fähigkeiten wirken.

Welche Assoziationen verbinden Sie mit dem Wort Begrenzung?

Höchstwahrscheinlich sind es negative Begriffe.

Aber lassen Sie uns versuchen, das Wort positiv zu betrachten. Es ist zum Beispiel wichtig, die eigenen Fähigkeiten zu kennen, wenn es darum geht, Arbeit zu verrichten.

Doch erstaunlich viele Menschen sind sich dessen nicht bewusst. Wenn sie ein Jobangebot erhalten, sind sie bereit, es anzunehmen, unabhängig davon, wie gut sie für die jeweilige Stelle geeignet sind.

Ein Mensch kann nur im Rahmen seiner Fähigkeiten arbeiten. Wenn die Anforderungen der Stelle darüber hinausgehen, wird er nicht in der Lage sein, das zu tun, was von ihm verlangt wird, und er wird keine Ergebnisse liefern können – was beides für andere ein großes Ärgernis ist.

Wenn wir mit Dingen konfrontiert werden, die zu erledigen wir nicht fähig sind, quälen wir uns oft und werden ungeduldig, gereizt, enttäuscht und sogar unglücklich. Das stellt eine enorme geistige Belastung für uns dar.

Der Schlüssel dazu ist, unsere Begrenzungen zu kennen – und zu erkennen, wenn sie erreicht sind.

Verstehen Sie, was ich meine? Mit dem Wissen um Ihre Grenzen meine ich auch die *Fähigkeiten*, die Sie besitzen. Das heißt, ein gutes Gespür dafür zu haben, wie weit diese Fähigkeiten Sie tragen werden.

Diejenigen, die ihre Begrenzungen kennen, sind nicht etwa unzulänglich. Man kann von ihnen erwarten, dass sie ihre Arbeit machen. Das ist eine Frage der Zuverlässigkeit. Ob bewusst oder unbewusst – sie beweihräuchern sich weniger und schwadronieren überhaupt weniger über sich selbst, und die Menschen um sie herum vertrauen ihnen eher. Sie vermeiden es, an ihre Grenzen zu stoßen. Das Ergebnis ist, dass sie sich unnötige psychische Belastungen und Vertrauensverluste ersparen und eine gelassene Grundhaltung bewahren können.

So gesehen scheint das Erkennen der eigenen Begrenzungen ein wichtiger Weg zu sein, ein inneres Gleichgewicht zu finden.

Es gibt jedoch noch etwas anderes, das ich Ihnen ans Herz legen möchte. Und das ist die *Art und Weise*, wie Sie mit Ihren Begrenzungen umgehen.

»Ist es wirklich das Beste für mich, mich nicht über meine Fähigkeiten hinaus zu fordern?«

Das mag eine mögliche Sichtweise sein, aber es gibt einen besseren Weg, der mehr Freiheit zulässt. Worauf ich hinauswill, ist wiederum, dass Sie nicht nur Ihre Grenzen, sondern auch Ihr Potenzial erkennen.

Sie wissen zum Beispiel, dass Sie fähig sind, auf einem Niveau von 10 zu wirken. Aber was ist, wenn Sie ein Jobangebot bekommen, das ein Niveau von 12 erfordert? Würden Sie das Angebot schnell ablehnen, weil Sie davon ausgehen, dass der Job Ihre Fähigkeiten übersteigen wird?

Zum gegenwärtigen Zeitpunkt könnte sehr wohl eine Diskrepanz bestehen zwischen Ihren Fähigkeiten und dem für diese Stelle erforderlichen Niveau. Wenn Sie auf Ihrem derzeitigen Niveau bleiben, könnte die Arbeit tatsächlich zu schwierig sein; aber wenn Sie willens sind, sich selbst herauszufordern, und bereit sind, hart zu arbeiten, könnten Sie die Differenz vielleicht ausgleichen. Ich glaube, dass der Versuch, dieses Niveau zu erreichen, sich lohnen könnte.

Wenn die Stelle hingegen ein Niveau von 15 oder 18 erfordert, dann wären Sie mit Ihrer 10 völlig überfordert. Sie wären auf keinen Fall in der Lage, die Aufgabe zu bewältigen.

Haben Sie sich allerdings von der 10 zur 12 vorgearbeitet, ist dadurch auch Ihr Selbstvertrauen gewachsen – und damit nicht zuletzt Ihre Kompetenz. Natürlich ist die nächste Schwelle noch einmal deutlich höher. Aber bei sich bietender Gelegenheit können Sie sie in Angriff nehmen und sich weiter fordern.

Es ist wichtig, die eigenen Begrenzungen zu kennen. Genauso wichtig ist es aber auch, das nächsthöhere Niveau ins Visier zu nehmen.

Ich hoffe aufrichtig, dass Sie sich diese Worte zu Herzen nehmen werden.

TEIL ZWEI

Konzentriere dich nur auf Dinge,
die du hier und jetzt erreichen kannst.

Wenn du das tust, wirst du aufhören,
über unnötige Dinge zu grübeln.

9

BEDENKE ERNEUT, WAS SELBSTVERSTÄNDLICH ERSCHEINT.

Du wirst das Glück erfahren,
das im gegenwärtigen Moment zu finden ist.

»Wir übersehen vielleicht am ehesten unsere Dankbarkeit für die selbstverständlichen Dinge im Leben.«

Ich spreche in meinen Vorträgen oft über solche Dinge. Das beste Beispiel für etwas, das wir für selbstverständlich halten, ist vielleicht die Existenz unserer Eltern.

Es ist eine Selbstverständlichkeit, dass Eltern da sind, dass sie sich um ihre Kinder kümmern, dass sie sie beschützen und ihnen offen oder heimlich zu Hilfe kommen. Oft würdigen wir erst dann, wenn unsere Eltern gestorben sind, wie glücklich wir uns schätzen konnten, in den Genuss dieser »Selbstverständlichkeiten« zu kommen.

»Ich bin besonders traurig über den Tod meiner Mutter, wenn ich mich daran erinnere, wie sie mir immer meine Lieblingsspeisen aus meiner Heimatstadt geschickt hat.«

»Ich hatte keine Ahnung, wie schwierig es war, mit all unseren Verwandten umzugehen. Mein Vater war derjenige, der sich immer um alles gekümmert hat, und ich hatte keine Ahnung, was für eine Last das gewesen sein muss.«

In materieller und immaterieller Hinsicht sind wir uns oft nicht bewusst, wie sehr wir uns auf unsere Eltern verlassen. Alles, was sie für uns tun - und was wir für selbstverständlich halten -, zeugt von der Größe unserer Eltern, und wir erkennen sie oft nicht einmal an.

Ekiho Miyazaki, der Abt eines Sōtō-Zenklosters, sagte: »Es gibt eine angemessene Art und Weise, Dinge zu tun - zur angemessenen Zeit und am richtigen Ort.«

Selbst nachdem er hundert Jahre alt geworden war, verrichtete Miyazaki Zenji die gleichen asketischen Praktiken wie die jungen Mönche.

Ich weiß, dass die Bedeutung seiner Worte offensichtlich zu sein scheint. Aber ich glaube, was er meinte, war, dass wir umso dankbarer für die Erkenntnis sein sollten, dass dieser Zustand der Offensichtlichkeit an sich bereits Zen-Erleuchtung darstellt.

Was wäre, wenn jeder von uns sich die Zeit nähme, die Dinge um uns herum, die wir für selbstverständlich halten, erneut zu bedenken? Morgens stehen wir auf, und das Frühstück ist vorbereitet. Wir gehen zur Arbeit und unser Schreibtisch ist unbehelligt. Wenn etwas passiert, ob Gutes oder Schlechtes, müssen wir nur ein Wort sagen und unsere Freunde gehen etwas mit uns trinken. Wir brauchen nur einen Blick auf die schlafenden Gesichter unserer Kinder werfen, um zu sehen, dass sie gut heranwachsen.

Wie sehr unterstützen und nähren uns diese »selbstverständlichen« Dinge, die jetzt gerade vorhanden sind? Wie sehr bieten sie uns Trost, Ermutigung und Inspiration?

Ich bitte Sie, darauf zu achten. Wenn Sie das tun, werden Sie eine große spirituelle Veränderung erfahren. Die Irritation, die Sie gegenüber Ihrer Familie, dem nachlässig erledigten Job, dem Freund, der nicht für Sie da war, empfinden - all das wird verschwinden. Sie werden erfüllt sein von diesem Moment, hier und jetzt.

Wenn Sie beginnen, die Dinge zu schätzen, die Sie stets für selbstverständlich gehalten haben, werden Sie bald für alles dankbar sein, sogar für langweilige, lästige und deprimierende Dinge. Mit dieser Einstellung können Sie sich immer ein Gefühl der Dankbarkeit bewahren, und das wird sich tiefgreifend auf Ihr Leben auswirken.

10

NUR KEINE EILE, KEINE PANIK.

Halte einmal am Tag einfach inne.

»Mein ganzes Leben lang bin ich immer nur auf meine Ziele zugestürmt.« Wenn wir erfolgreiche Menschen so etwas sagen hören, sind wir leicht beeindruckt, und gleichzeitig denken wir uns vielleicht: »Hm, also mein Leben scheint stillzustehen; ich gebe mich wohl einfach der Faulheit geschlagen.«

Sicherlich gibt es Menschen, die ohne Unterbrechung auf Hochtouren laufen und deren Leben deshalb erfüllt und schillernd zu sein scheint. Aber nicht jeder ist dazu fähig.

Nehmen Sie zum Beispiel einen Treppenaufgang. Es gibt Menschen, die mehrere Stockwerke auf einmal hinauflaufen, während andere dabei immer wieder eine Pause einlegen. Sobald sie zu Atem gekommen sind, können sie ihr Tempo mit neuer Kraft aufnehmen. Es mag sein, dass dieser Ansatz, auch wenn er anders ist, als wenn man in einem Schwung hochläuft, seine Vorteile hat.

Im Zen gibt es etwas Ähnliches. Wir sagen: »Für jedes siebte Mal, das du läufst, solltest du einmal sitzen.«

Es ist an sich nichts Falsches daran, durchs Leben zu rasen, aber im Denken des Zen ist Stillhalten nichts Schlechtes. Im Gegenteil, Zen lehrt, dass es extrem wichtig ist.

Stillhalten erlaubt uns, über uns selbst nachzudenken, zu überprüfen, wie es uns ergangen ist. Denjenigen, die vielleicht sagen: »Ich brauche nicht nachzudenken. Ich habe keine Zweifel an meiner Lebensführung!«, antworte ich: »Nun, das mag der Fall sein – oder auch nicht.«

Andere fragen sich vielleicht: »Wenn ich aufhöre, mich zu bewegen, wird es dann nicht schwierig sein, wieder in Gang zu kommen?« Aber es gibt nichts zu befürchten. Versuchen Sie einfach, Ruhe zu finden, und sehen Sie selbst.

Innezuhalten ist wahrscheinlich dann besonders hilfreich, wenn Sie straucheln oder gescheitert sind. Es gibt immer eine Ursache für das Straucheln und für Misserfolge, und es ist wichtig, diese Ursache zu erkennen. Halten Sie inne, um zu verstehen. Wenn wir einen Misserfolg erleben, ist das Stillhalten eine Gelegenheit zum Nachdenken: »Wie oder warum bin ich gescheitert?«

Wenn Sie weitermachen, ohne die Ursache zu erforschen, werden Sie Ihre Stolpersteine zurücklassen. Und das wird sich eines Tages auswirken. Weit in der Zukunft werden die Dinge, die Sie zurückgelassen haben, Sie einholen, und sie werden weiterhin die gleichen Fehler machen.

Konosuke Matsushita, der Gründer von Panasonic, einem der größten Unternehmen für Unterhaltungselektronik Japans, sagte einmal: »Menschen die aufgeschlossen genug sind, um ehrlich die Ursache ihres Scheiterns anzuerkennen, und die sagen: ›Das war eine gute Erfahrung, ich habe eine wertvolle Lektion gelernt‹, sind diejenigen, die vorankommen und sich verbessern werden.«

Um Straucheln und Misserfolge in positive Erfahrungen umzuwandeln und Lehren aus ihnen zu ziehen, ist es notwendig, ihre Ursachen ans Licht zu bringen. Es gibt Dinge, die hier und jetzt getan werden sollten, und um sie angehen zu können, ist es wichtig innezuhalten. Selbst ein industrieller Titan hat die Bescheidenheit, dies anzuerkennen.

Es lohnt sich immer – nicht nur wenn Sie straucheln oder scheitern –, innezuhalten und in Ihrem eigenen Tempo zu überlegen: »Ist dies das Richtige?«

Diese Idee – »Übe das Innehalten« – stammt aus einem klassischen chinesischen Text. Das Konzept besagt, dass es wichtig ist, mindestens einmal am Tag innezuhalten und über uns selbst nachzudenken.

Wenn wir beobachten, wie unsere Freunde und Kollegen schnell vor uns herlaufen, kann es zermürbend sein stillzustehen. Aber sowohl das Zen als auch die chinesischen Klassiker versichern uns, dass alles in Ordnung sein wird: Wir können ohne Sorge innehalten. Ich empfehle Ihnen dringend, sich Zeit zu nehmen, um über alle möglichen Dinge nachzudenken, und nicht nur darüber, wie Sie möglichst schnell dorthin gelangen, wo Sie im Leben ankommen wollen.

11

REAGIERE POSITIV.

Es ist in Ordnung, sich niedergeschlagen zu fühlen,
aber stehe bald wieder auf.

Ein fades, eintöniges Leben gibt es nicht. Jedes Leben hat seine Höhen und Tiefen.

»Wenn die Dinge nicht so laufen, wie ich es mir wünsche – bei der Arbeit, in persönlichen Beziehungen, mit meiner Gesundheit –, dann trübt sich meine Stimmung und ich fühle mich niedergeschlagen.«

Das wäre eines dieser Täler. Wenn wir uns dagegen auf einem Höhepunkt befinden, überschätzen wir vielleicht unsere Fähigkeiten oder schauen arrogant auf andere hinab.

Im Buddhismus nennen wir dieses übermäßige Selbstvertrauen *Zōjōman*. Wir vergessen manchmal unseren unvollkommenen Zustand und verfallen in eine stolze Denkweise, so als hätten wir die Erleuchtung bereits erreicht. Das führt zu einem Teufelskreis.

Als menschliche Wesen sind wir natürlich nicht in der Lage, angesichts sämtlicher Ereignisse oder Umstände, in denen wir uns befinden, stets einen unerschütterlich ruhigen und gelassenen Geist zu bewahren.

Futabayama, der unvergleichliche Großmeister des Sumo-Ringens, hält den Rekord von neunundsechzig aufeinanderfolgenden Siegen.

Aber als er im siebzigsten Kampf den Sieg anstrebte, verlor er. Danach soll er ein Telegramm an seinen Lehrer geschickt haben, in dem stand: »Der Kampfhahn bleibt mir noch immer versagt.«

Diese Worte beziehen sich auf eine Fabel des chinesischen Weisen Zhuangzi. Die Geschichte handelt von der Ausbildung eines Kampfhahns, der dazu trainiert wurde, eitlen Stolz und übermäßiges Selbstvertrauen hinter sich zu lassen und allen Gegnern in einem Zustand erhöhter Aufmerksamkeit und Kampfbereitschaft so unerschütterlich wie ein aus Holz geschnitzter Hahn zu begegnen, sodass andere Hähne nicht wagten, es mit ihm aufzunehmen, und sie umkehrten und davonliefen. Nachdem er in seinem siebzigsten Kampf von seinem Gegner aus dem Gleichgewicht gebracht und geschlagen wurde, gab Futabayama in der Botschaft an seinen Lehrer seinen Selbstvorwürfen darüber Ausdruck, dass er die Stufe des Kampfhahns aus der Fabel noch nicht erreicht hatte.

Selbst mit seinem beneidenswerten Temperament, seiner Technik und seiner körperlichen Verfassung schwankte Futabayama immer noch, und das Niveau von Zhuangzis Kampfhahn zu erreichen erwies sich als äußerst schwierig.

Wenn schlimme Dinge passieren oder wenn wir uns in einer schwierigen Lage befinden, ist es in Ordnung, sich deswegen niedergeschlagen zu fühlen. Aber dann geht es darum, diesen negativen Bewusstseinszustand in einen positiven umzuwandeln. Das ist die Denkweise des Zen.

Hier ist eine Anekdote über einen Zen-Mönch: Auf einer langen Reise, die Teil seiner asketischen Schulung war, verbrachte ein Mönch eine Nacht in einer baufälligen Hütte. Die Bedingungen waren so schlecht, dass Blätter durch ein Loch in der Decke fielen, und um die Kälte zu vertreiben, musste der Mönch die Bodenbretter für ein Feuerchen herausreißen, um sich zu wärmen. Es genügt wohl zu sagen, dass er sich niedergeschlagen fühlte. Doch als er zufällig nach oben sah, erblickte er Mondlicht, das durch die zerklüfteten Ritzen in der Decke fiel, und er fühlte sich von diesen Lichtstrahlen umhüllt. Er erkannte, dass dies in der Tat eine außergewöhnliche Erfahrung war. Die tristen Gedanken, die ihn ganz in Anspruch genommen hatten, verflüchtigten sich, und er wurde von Glückseligkeit erfüllt.

An der Tatsache, dass die Hütte kaum vor Kälte schützte, hatte sich nichts geändert. Aber anstatt sich davon entmutigen zu lassen, war der Mönch in der Lage, seine Geisteshaltung zu ändern und in diesem Moment Freude zu empfinden.

Wenn man nicht verstehen kann, warum einem bestimmte Dinge passieren, ist es nur natürlich, dass man die Situation missbilligt und beklagt.

Aber das muss nicht so sein. Ich hoffe, dass Sie eine positivere Weise des Reagierens finden, indem Sie sich selbst sagen: »Ich kann diese Situation durchstehen, anstatt mich nur darüber zu ärgern. Ich schaffe das!«

Es heißt auch: »Gott gibt uns nie mehr, als wir bewältigen können.« Wenn die Dinge düster aussehen und Sie das Gefühl haben, Ihr Geist werde niedergeschmettert, oder wenn Sie nicht mehr ein noch aus wissen, erinnern Sie sich daran, und Sie werden in der Lage sein, die Situation durchzustehen.

Solche Gedanken vermögen Ihre Einstellung zu ändern. Das ist die Art des Denkens, die Sie in das Hier und Jetzt zurückbringen kann. Wie sonst sollte man eine andere Ausrichtung finden? Es heißt, dass wir uns häuten müssen, um wachsen zu können. Mir scheint, dass wir dazu durch verschiedene Schwierigkeiten oder Widrigkeiten gehen müssen.

Mit anderen Worten: Schwierigkeiten oder Widrigkeiten geben uns Gelegenheiten, unsere Haut abzustreifen und zu wachsen. Man könnte sogar sagen, dass wir diese Gelegenheiten begrüßen sollten.

Der buddhistische Mönch Ryōkan, der die meiste Zeit seines Lebens als Einsiedler lebte, aber von den Kindern, mit denen er gerne spielte, geliebt wurde, schrieb einmal: »Es ist gut, ein Unglück zu erleiden, wenn man ein Unglück erleidet.«

Unser Geist hat stets die Kraft, sich zu verändern.

Wenn wir uns das vor Augen halten, können wir unsere Schwierigkeiten und Probleme als die Chancen sehen, die sie sind.

12

WERTSCHÄTZE DEN MORGEN.

Dies ist der beste Weg, geistigen Freiraum zu schaffen.

Ich möchte darüber sprechen, wie man seine Zeit nutzen kann, statt sich von ihr verbrauchen zu lassen.

Um geistig und körperlich gesund zu sein – oder besser noch, um voller Elan zu leben –, ist es wichtig, den Tagesrhythmus nicht durcheinanderzubringen. Wenn sich die Zeiten, zu denen Sie morgens aufstehen und abends ins Bett gehen, von einem Tag auf den anderen ständig verschieben, können Sie weder eine optimale Gesundheit aufrechterhalten noch die geistige Erschöpfung ertragen, die dadurch entsteht.

Hinzu kommt, dass der Mensch von Natur aus zur Faulheit neigt – wir können so faul sein, wie wir dies zulassen. Wenn wir der Faulheit nachgeben, nimmt das kein Ende, und alles wird nur noch schlimmer. Es ist notwendig, dem irgendwann ein Ende zu setzen.

Wie wäre es, wenn Sie Ihre eigenen Regeln aufstellten, um Ihren Tagesrhythmus beizubehalten? Es lohnt sich, auf Ihre Morgenroutine zu achten. Wertschätzen Sie den Morgen. Ich kann das gar nicht genug betonen. Und unter den Regeln zur Wertschätzung des Morgens, die Sie beherzigen sollten, ist die wichtigste: »Stehe früh auf, und zwar jeden Tag zur gleichen Zeit.«

Wenn Sie früh aufstehen, schaffen Sie sich Freiraum in Ihrem Morgen.

Manche Menschen schlafen so lange wie möglich und kochen sich dann eilig einen Kaffee, nur um ihn hastig hinunterzustürzen und die Tasse in der Spüle stehen zu lassen, bevor sie sich auf den Weg zum Bahnhof machen. Kommt Ihnen das bekannt vor?

Man kann sich leicht ausmalen, wie der Rest des Tages verlaufen wird, wenn der Tag so beginnt. Wir haben keine Zeit zu verlieren, sind mental die ganze Zeit auf Trab und es bleibt uns kaum Zeit zum Atemholen. Deshalb werden wir wahrscheinlich Dinge vergessen, und es ist gut möglich, dass wir Fehler machen.

Denken Sie an das folgende Zen-Sprichwort: »Du wirst durch die Stunden deines Tages aufgezehrt, während dieser alte Mönch seine Stunden in vollen Zügen nutzen kann.«

So sprach Zhaozhou Congshen (jap.: Jōshū Jūshin), ein chinesischer Zenmeister, der zur Zeit der Tang-Dynastie lebte. Er betont, wie wichtig es ist, den Tag gut zu nutzen. Ihn wie eine hektische Slapstick-Komödie zu beginnen, ist das genaue Gegenteil davon. Das ist der Inbegriff des »Von-der-Zeit-aufgezehrt-Werdens«, also der Zeit ausgeliefert zu sein.

Stehen Sie früh auf, lassen Sie etwas frische Luft in Ihr Zimmer und beobachten Sie den ständigen Wechsel der Jahreszeiten vor Ihrer Tür oder Ihrem Fenster, während Sie einen tiefen Atemzug nehmen. Das ist alles, was Sie brauchen, um Ihr Blut in Schwung zu bringen und sich mit Kraft zu füllen. Nehmen Sie das Zwitschern der Vögel wahr oder den Wind oder die veränderten Farben der Blätter. So werden Ihre Sinne stimuliert und gestärkt.

Während Sie nach dem Frühstück eine Tasse Tee oder Kaffee genießen, nehmen Geist und Körper die Frische des Morgens in sich auf und Sie werden dazu inspiriert, das Beste aus dem Tag zu machen.

Klingt das nicht nach einem luxuriösen Morgen? Das bedeutet, dass Sie Ihre Zeit voll nutzen. Und man kann sich leicht vorstellen, wie der Rest des Tages verlaufen wird, wenn er so beginnt.

Gute Momente fließen ineinander über.

Ich sage es noch einmal: Der Schlüssel zur bestmöglichen Nutzung aller Stunden des Tages ist der Morgen.

Ich glaube, dass diese Regel der Wertschätzung des Morgens für diejenigen besonders relevant ist, die kurz vor dem Ruhestand stehen oder die die Pensionierung bereits hinter sich haben. Der Ruhestand ist ein entscheidender Einschnitt im Leben, ein Wendepunkt in der Art und Weise, wie man seine Tage verbringt. Jetzt ist es besonders wichtig, seine Zeit gut zu nutzen, damit unser Umgang mit ihr nicht zu Problemen führt.

Wenn Sie sich früher immer nur in Ihre Arbeit gestürzt haben, kommt es leicht dazu, dass Sie jetzt den Antrieb verlieren und Ihr Geist erlahmt. Ein typisches Beispiel dafür ist, dass jemand, der den Ruhestand erreicht hat, dann ganz plötzlich zu altern scheint. Ein ehemals unerschrockener Unternehmenskämpfer wird zu einem bedauernswerten Kerl, der zu Hause ständig im Weg steht. Das ist gar nicht so ungewöhnlich. Er steht morgens auf, wann immer ihm danach ist. Er trödelt bis mittags herum, dekadent untätig. Ohne etwas zu tun, lässt er den Fernseher auf einem Kanal laufen, der ihn gar nicht interessiert, und sitzt einfach da, ohne wirklich hinzuschauen.

Wenn Sie so etwas zulassen, dann könnte dies leicht zum Rhythmus Ihres täglichen Lebens werden. Und das führt dazu, dass unnötige Ängste, Sorgen und Befürchtungen um sich greifen.

Es mag ja an der Zeit sein, sich aus dem Berufsleben zurückzuziehen, aber niemand sagt, dass man sich vom Leben zurückziehen muss. Wir sollten dieses kostbare Leben, das uns gegeben wurde, mit äußerster Sorgfalt behandeln.

Noch einmal: Der Morgen ist der Schlüssel. Genau wie damals, als Sie in Ihrem Beruf aktiv waren, sogar noch mehr: Beginnen Sie jeden Tag in dem Bewusstsein, wie wichtig der Morgen ist. Auf diese Weise werden Ihre Tage erfüllt sein von Schwung und Elan.

Die Morgenstunde wird Ihre Sinne erfrischen, und vielleicht beginnen Sie, sich nach einer anderen Art von Arbeit, womöglich einer ehrenamtlichen, umzuschauen. Oder Sie widmen sich Hobbys, für die Sie nie Zeit hatten, als Sie noch gearbeitet haben. Ich verspreche Ihnen: Eine dieser Möglichkeiten wird sich Ihnen eröffnen. Wäre es nicht ein schöner Ruhestand, wenn Sie Ihre Kochkünste auffrischen und Ihre Familie ab und zu zum Essen einladen würden?

Diese eine einfache Regel, den Morgen wertzuschätzen, wird das Gefühl der Hoffnungslosigkeit vertreiben – das Gefühl, dass es nichts zu tun gibt, heute oder an irgendeinem anderen Tag. Und sie wird eine bereichernde Phase einleiten, in der Sie das Leben im Hier und Jetzt in vollen Zügen genießen können.

13

LEBE NACH DEINEN EIGENEN STANDARDS.

Lass dich nicht von den Werten anderer Menschen umstimmen.

Im Laufe des Lebens sind wir uns alle intensiv der sozialen Normen bewusst.

Unsere Gesellschaft wird auf der Grundlage einer uns gemeinsamen Version der Umgangsformen aufrechterhalten. Wenn jeder von uns davon abweichen und tun würde, was er will, würde die Gesellschaft im Chaos versinken.

Die gesellschaftlichen Normen sind es wert, aufrechterhalten zu werden. Aber ich halte es für möglich, dass wir sie nur auf Kosten unseres Selbstempfindens einhalten können.

Wenn wir durch die gesellschaftlichen Umgangsformen gefesselt sind, schränken wir unsere Vorstellungskraft ein; wir sind nicht in der Lage, frei zu handeln, und unser Geist wird unbeweglich. Haben Sie nicht auch manchmal das Gefühl, durch die Normen an Händen und Füßen gefesselt zu sein?

Um uns zu befreien, brauchen wir unsere eigenen Standards, damit wir vermeiden können, den falschen Weg im Leben einzuschlagen. Wir müssen über einen Grundstock an gesellschaftlichen Normen verfügen, die aber durch unsere eigene Interpretation der Dinge und durch Leitlinien gestützt werden, welche es uns ermöglichen, gelegentlich von der Norm abzuweichen und unsere eigenen Entscheidungen zu treffen.

Wie also entwickelt man solche Standards?

Das kann man nur, indem man sie durch das Sammeln von Erfahrungen in die Praxis umsetzt. Im Zen wird die Praxis über alles andere gestellt. Es gibt ein Zengo, das uns lehrt: »Spirituelle Erleuchtung kommt nur durch persönliche Erfahrung.« Wenn man das Wasser in einem Gefäß betrachtet, kann man nicht sagen, ob es kühl oder warm ist. Die einzige Möglichkeit, dies festzustellen, ist, es zu schmecken oder zu berühren. Es ist wichtiger zu handeln, als zu denken.

Heutzutage, wo Informationen in Hülle und Fülle zugänglich sind, ist Wissen – so viel wir auch wollen – leicht zu erlangen. Wenn man als Internetsuche »Wie man frei von sozialen Normen leben kann« eingibt, erhält man Millionen von Ergebnissen.

Doch wenn Sie sich die Zeit nehmen, einige dieser Ergebnisse zu lesen, werden Sie feststellen, dass sie alle möglichen Themen ansprechen, die nichts miteinander zu tun haben.

Wenn Sie sich in einer Situation befinden, in der Sie entscheiden müssen, ob Sie sich an die gesellschaftlichen Normen halten sollen oder nicht, wird Ihnen die Menge an Wissen, die da in Ihr Gehirn gestopft wird, nicht weiterhelfen.

Indem Sie Erfahrungen sammeln und Dinge in die Praxis umsetzen, lernt Ihr Körper. Das versetzt Sie in die Lage, mit der Anleitung Ihres Körpers die richtige Entscheidung zu treffen – und natürlich folgt darauf bald das richtige Handeln. Sie können Standards nicht allein aus Wissen entwickeln.

Kōshū Itabashi, der Abt eines Sōtō-Zenklosters war, widmete sich der Praxis des *Zazen*, einer Art von Meditation, sowie der Arbeit im Kloster, dem *Samu*, als wäre er ein Mönch in der Ausbildung und nicht der Abt.

Wenn die Mönche sahen, dass jemand in seinem Alter und von seinem Status diese Dinge tat, sagten sie zu ihm: »Sicherlich ist es nicht nötig, dass Ihr Samu leistet. Bitte ruht Euch in Eurem Zimmer aus.« Aber Itabashi Zenji band sich ein *Tenugui*, ein traditionelles japanisches Handtuch, um den Kopf, zog seine Arbeitskleidung an und machte mit den anderen sauber. Ich habe gehört, dass er auch nach seinem Rückzug in den Ruhestand manchmal noch hinausging und um Almosen bettelte.

Das ging natürlich über das hinaus, was gesellschaftliche Normen von ihm verlangten, aber es zeigt, welche hervorragenden Standards eine Person herausbilden kann. Immer auf der Suche nach seinen eigenen Richtlinien, wich Itabashi Zenji nie von seiner Praxis ab, sondern sammelte weiterhin Erfahrung.

Dies ist in der Tat eine Verkörperung der unerschöpflichen Zen-Lehre. Standards werden durch Praxis und Erfahrung verfeinert, und je mehr man sie vervollkommnet, desto freier wird man.

Es gibt eine Stelle im *Lunyu*, den *Gesprächen* des Konfuzius, die lautet: »Mit siebzig konnte ich den Wünschen meines Herzens folgen, ohne das Maß zu überschreiten.« Was Konfuzius damit meint, ist, dass er seinen eigenen Wünschen entsprechend zu handeln vermochte, ohne dabei gegen das Rechte zu verstoßen.

Es geht darum, frei nach den eigenen Vorstellungen zu leben (unabhängig davon, ob man sich an die gesellschaftlichen Normen hält oder nicht) und dadurch die einem angeborene Wahrheit mit der rechten Art und Weise, das eigene Leben zu leben, in Übereinstimmung zu bringen. Das geschieht, wenn Sie Standards entwickeln, die in Ihrem Herzen feingeschliffen wurden.

Ich fordere Sie also auf, Ihre eigenen Standards zu realisieren, wobei Sie sich stets vor Augen halten: Zuerst kommt die Praxis und dann die Erfahrung.

Ihre Standards werden sich verfeinern, wenn auch immer nur ein klein wenig auf einmal. Sie werden sich dadurch selbstsicherer fühlen und von den Ängsten, Sorgen und Befürchtungen befreit werden, die entstehen, wenn Sie sich mit anderen vergleichen. Sie werden frei sein, Sie selbst zu sein.

14

SUCHE NICHT NACH DEM UNNÖTIGEN.

Hör auf, dich mit Informationen vollzustopfen.

Ich möchte über die Beziehung zwischen unserer informationsgetriebenen Gesellschaft und unserem Herzen und Geist sprechen.

Wir leben in einem stark vernetzten Zeitalter, in dem Informationen im Überfluss vorhanden sind. Und natürlich hat die rasante Entwicklung und Verbreitung des Internets diese Entwicklung nur noch weiter vorangetrieben.

Die Bequemlichkeit des Zugangs zu einer Vielzahl von Informationen hat an sich zwar etwas Wünschenswertes, aber sie kann, wie ich glaube, auch problematisch sein. Ich meine damit, dass ein Übermaß an Informationen unsere Entscheidungsfähigkeit einschränkt.

Nehmen wir zum Beispiel an, Sie wollen etwas zur Verbesserung Ihrer Gesundheit tun. »Vielleicht sollte ich mir das mal ansehen«, sagen Sie sich und starten eine Internetrecherche – nur um wieder einmal von einer Flut von Informationen überwältigt zu werden.

Wenn Sie sich die Suchergebnisse ansehen, stellen Sie fest, dass es zu viele Auswahlmöglichkeiten gibt – Sie wissen nicht mehr, wofür Sie sich entscheiden sollen. »Dieses scheint mir gut zu sein, aber jenes ist vielleicht auch effektiv. Und dann gibt es auch noch diese Möglichkeit, und das hier kann ich auch nicht ausschließen.«

So etwas passiert in allen möglichen Situationen; auch an Ihrem Arbeitsplatz. »Das scheint vielversprechend zu sein.« »Fügen wir noch diese Vorbedingung ein.« »Wenn das von Interesse ist, sollten wir es vielleicht damit versuchen?« »Was das Gehalt angeht, könnte jenes auch gut sein.« Und so weiter.

Wenn es um Ihre Karriere geht, ist die wichtigste Frage, die Sie sich stellen müssen: »Was möchte ich gerne tun?« Ihre Berufswahl hat einen großen Einfluss darauf, wie Sie Ihr Leben leben werden.

Die Antwort auf die Frage, was Sie tun oder wie Sie leben sollen, finden Sie nicht in einer Anhäufung von Informationen. Sie können sie nur in sich selbst finden. Und um sie zu finden, müssen Sie sich daranmachen, diese Fragen gründlich zu erwägen.

Anders ausgedrückt, es geht darum, Ihr Herz zu befragen und zu entscheiden, worauf Sie Ihre Bemühungen konzentrieren wollen.

In diesem Zusammenhang können Informationen eine Quelle des Zweifels sein. Anders, als man annehmen mag, wird Ihr Denkvermögen von einem Übermaß an Informationen überfordert und weiß dann nicht mehr, was es damit anfangen soll. Und wenn Sie Ihrem Denken freien Lauf lassen, schleichen sich Zweifel und damit einhergehend Angst ein.

Früher arbeitete in Japan fast jedermann im Unternehmen seiner Familie, das von Generation zu Generation weitergeführt wurde. Landwirte sind das typische Beispiel dafür, aber auch Handwerker und Kunsthandwerker gaben ihre Fertigkeiten weiter: von den Eltern zu den Kindern und Enkelkindern.

Da sie ohnehin keine Wahl hatten, wurden die Bemühungen der Menschen konzentriert, und sie konnten sich ganz ihrer Arbeit widmen. Und die Tatsache, dass sie sich voll engagierten, trug zu ihrem Gefühl der Erfüllung im Leben bei.

Man könnte sogar sagen, dass ihnen, weil sie ohnehin keine Wahl hatten, kein Raum blieb für Zweifel oder Ängste bezüglich ihrer Arbeit. Und nicht nur in Bezug auf ihre Arbeit wurden die Menschen damals nicht in dem Maße von müßigen Illusionen und Ängsten gequält wie die Leute von heute – dies galt auch für ihr Leben im Allgemeinen.

Natürlich ist es wichtig anzuerkennen, dass mehr Auswahl auch ein breiteres Spektrum an Möglichkeiten mit sich bringt. Aber der Schlüssel zu einem sorgenfreieren Leben ist, die Möglichkeiten einzugrenzen. Sehen Sie es so: Legen Sie den Schwerpunkt auf die Entscheidung, worauf Sie Ihre Bemühungen konzentrieren wollen, und sammeln Sie dann nur die Informationen, die dafür für notwendig sind – Sie werden immer noch verschiedene Optionen finden.

Wenn Sie Ihr Herz befragt und sich dann für eine Arbeit oder für eine Vorgehensweise entschieden haben, die auf dem basiert, was Ihr Herz Ihnen gesagt hat, dann werden Sie nicht mehr wanken – auch wenn die Ergebnisse, die Sie sich erhoffen, nicht sofort eintreten.

Versuchen Sie Ihr Bestes, dies in die Praxis umzusetzen. Und hier ist der wichtige Punkt, wie der chinesische Meister Linji Yixuan (jap.: Rinzai Gigen), der Gründer der Linji-Schule des Zenbuddhismus, ihn formulierte: »Sei der Meister, wohin du auch gehst – dann werden die Dinge, wo auch immer du bist, so sein, wie sie wirklich sind.«

Das bedeutet: Ganz gleich wie die Umstände sind, wenn Sie Ihr Bestes geben, um das zu tun, wozu Sie im Hier und Jetzt fähig sind, werden Sie Ihr Potenzial als Wegbereiter verwirklichen können – als derjenige, der zu sein Ihre Bestimmung ist.

Ein Wegbereiter lässt sich nicht durch überhandnehmende Informationen in die Irre führen. Er lässt nicht zu, dass seine Konzentration in die eine oder andere Richtung abgelenkt wird. Sein Blick ist fest in eine Richtung gerichtet.

Wegbereiter stehen fest auf dem Boden und schlagen einen Weg der Entschlossenheit ein. Man könnte sogar sagen, sie führen ihr Leben mit Gewissheit.

Wir alle sind in der Lage, unsere eigenen Wegbereiter zu werden, zu jeder Zeit und an jedem Ort.

Doch zunächst müssen wir unsere Anstrengungen bündeln. Konzentrieren Sie sich auf das Hier und Jetzt.

Warum nicht von hier aus beginnen?

15

GLÄNZE, WO IMMER DU DICH BEFINDEST.

Wenn nicht jetzt, wann dann?

Sind Sie bei der Arbeit, die Sie tun, wirklich engagiert? Macht sie Ihnen Freude und genießen Sie jeden Tag?

Ich habe zwar keine Daten, die das belegen, aber ich kann mir vorstellen, dass viele Menschen auf diese Fragen mit »Nicht wirklich« antworten würden.

Ich habe den Eindruck, dass viele junge Menschen dazu neigen, ihren Job schnell aufzugeben oder einfach zu kündigen, weil die Arbeit angeblich nicht zu ihnen passt oder weil sie das Gefühl haben, dass es nicht das ist, was sie tun sollen.

Die japanische Version des Sprichworts »Geduld ist eine Tugend« ist »Drei Jahre auf einem Felsen«[4]; was bedeutet, dass jedermann über das Rüstzeug und die Entschlossenheit verfügt, bei welchem Unterfangen auch immer Beharrlichkeit an den Tag zu legen. Dieser Gedanke scheint jedoch ein Relikt der Vergangenheit zu sein, ein Verständnis der Dinge, das heute überholt ist.

Die Menschen von heute scheinen »null Bock« zu haben; sie scheinen an einem Mangel an Elan zu leiden. Dies dürfte ein weitverbreitetes Gefühl sein. Es mag feindselig klingen, aber ich kann mich des Eindrucks nicht erwehren, dass ein vorherrschendes

Charakteristikum dieser Generation die Tendenz ist, alles - von der Arbeit bis zum Privatleben - als langweilig zu empfinden.

Langeweile führt zu Unzufriedenheit und Nörgelei - was wiederum den Samen der Sorge sät. Stellen Sie sich die folgenden Fragen: Bin ich in der Lage, mich wirklich auf die Arbeit einzulassen, ganz gleich, was ich gerade tue? Wie auch immer ich mein Leben führe? Bin ich in der Lage, mich darin auszuzeichnen und Freude daran zu haben?

Was war Ihre Antwort?

Eine Sache ist sicher: Eine wirklich engagierte Arbeit taucht nicht einfach aus dem Nichts auf. Sie können nicht herumsitzen und darauf warten, dass das Leben genau so eintrifft, wie Sie es sich wünschen. Sie müssen sich schon voll und ganz auf die Arbeit einlassen, die Sie hier und jetzt leisten. Es gibt keine andere Möglichkeit, als sich des Augenblicks zu erfreuen, den Sie gerade erleben.

Es gibt ein Zengo, das einen Hinweis darauf gibt, wie man dies tun kann: »Verwandle die große Erde in Gold.«

Dies bedeutet, dass Sie - ganz gleich, wo Sie sich gerade befinden - Ihr Bestes geben sollten. Hier und jetzt. Dann wird der Ort, an dem Sie sich befinden, schimmern und glänzen wie Gold.

So etwas wie eine goldglänzende Erde gibt es nicht. Sie sind es, der sie zum Glänzen bringen muss. Selbst wenn Sie das Gefühl haben, dass Ihr Job nicht zu Ihnen passt oder nicht das ist, was Sie tun wollen: Machen Sie die Arbeit, mit der Sie hier und jetzt beschäftigt sind, zu Ihrer eigenen.

Wenn Sie sich nicht wirklich für das engagieren, was Sie hier und jetzt tun, wo und wann werden Sie es dann jemals tun?

Es gibt eine bekannte Episode aus dem Leben von Dōgen Zenji: Zu Beginn seiner Ausbildung ging er nach China, um sich unter Anleitung des Meisters Tiantong Rujing (jap.: Tendō Nyojoō) auf dem Berg Tiantong zu schulen. Eines Tages sah Dōgen Zenji, wie ein alter Mönch, der als Chefkoch in Rujings Kloster diente, ohne Kopfbedeckung in der prallen Sonne Shiitakepilze zum Trocknen auslegte. Dōgen Zenji rief dem alten Koch zu: »Warum musst du diese Arbeit jetzt machen, wo es so heiß ist? Vielleicht solltest du warten, bis die Sonne nicht mehr so stark niederbrennt.« Darauf antwortete der alte Mönch: »Es gibt keine andere Zeit als das Jetzt.«

Was er meinte, war: Wann soll ich es tun, wenn nicht jetzt? Wann wird der richtige Zeitpunkt gekommen sein? Diese Zeit wird nie kommen.

Dōgen Zenji soll von den Worten des alten Kochs tief beeindruckt gewesen sein. Wenn Sie sich darauf einstellen zu akzeptieren, dass wir nur das Hier und nur das Jetzt haben, können Sie einen Dreh zur spirituellen Fortentwicklung lernen, der es Ihnen ermöglicht, mit Ihrer Arbeit Ernst zu machen und das Leben zu genießen.

Sie werden sehen, wie Sie der Arbeit, von der Sie annehmen, dass sie jeder zu leisten vermag, Ihren eigenen Stempel aufdrücken. Sie werden realisieren, dass sie nicht einfach nur der ewig gleiche alte Kram ist.

Vielleicht werden Sie sogar feststellen, dass Sie den Drang verspüren, Ihr Bestes im Hier und Jetzt zu geben. Und dann kann die Welt, die Sie umgibt, ganz anders aussehen als zuvor.

Indem Sie den Dingen Ihren eigenen Stempel aufdrücken, wird eine Arbeit, die jeder machen kann, zu einer Arbeit, die nur Sie auf Ihre besondere Art und Weise leisten können. Andere fragen sich dann womöglich sogar, wie sie die Dinge genauso machen können, wie Sie es ihnen vorleben. So machen Sie Eindruck und schaffen eine Präsenz.

Wenn Sie sich mit ganzem Herzen einsetzen, sind Sie in der Lage, Erfüllung im Augenblick zu finden und diesen Moment zu genießen. Zweifel und Ängste verschwinden, und Sie sehen die Dinge positiver.

Und dann glänzen Sie im Hier und Jetzt.

Stellen Sie Ihre Füße fest auf den Boden, wo immer Sie sich befinden, und Sie werden aufblühen.

16

WIDERSETZE DICH NICHT DEINEN GEFÜHLEN.

So bist du nicht von den Dingen gefesselt.

Sie ärgern sich ständig über Dinge oder sind schnell genervt? Fragen Sie sich, wie Sie mehr Kontrolle über Ihre Gefühle erlangen können. Ich schlage Ihnen vor, zu diesem Zweck den Zustand des Nichtbewusstseins zu realisieren, der im Zen *Mushin* genannt wird.

Wenn Sie sich in einem Zustand des Nichtbewusstseins befinden, werden Sie nicht von Ihren Emotionen gebeutelt. Statt zwischen Freude und Leid, Hoffnung und Verzweiflung hin und her zu schwanken, ist Ihr Gemüt immer ruhig.

Es ist allerdings keine einfache Aufgabe, den Zustand des Mushin zu verwirklichen. Vor allem beim Zazen können Sie einen starken Drang empfinden, Ihren Geist zu »leeren«, und dies wird zu etwas, das Sie fesselt. So kreisen Ihre Gedanken letztlich nur um den Imperativ: »Denke an nichts.«

Wenn Sie in Zazen sitzen, ist es unvermeidlich, dass eine Flut von Gedanken in Ihrem Geist auftaucht.

Lassen Sie sie aufsteigen und dann wieder davonschweben – sich von selbst auflösen.

Überlassen Sie sich dem Fluss dieser Gedanken, die auftauchen und wieder verschwinden.

So nähern Sie sich dem Geisteszustand von Mushin an.

Wenn Sie einen Kieselstein in einen Teich werfen, erzeugt er Wellen, die sich nach außen ausbreiten. Wollten Sie versuchen, die Wellen zu beruhigen, indem Sie Ihre Hand ins Wasser halten, würde das nur kompliziertere Kräuselungen erzeugen. Wenn Sie die Wellen in Ruhe lassen, werden Sie sehen, wie sie sich allmählich beruhigen, und schließlich wird die Wasseroberfläche wieder spiegelglatt sein.

Mit ihrem Geist ist es nicht anders.

Ein Zengo lautet: »Die Wolke ist ichlos, sie wird von der Schlucht nicht zunichtegemacht.«

Das bedeutet, dass die Wolke durch nichts gefesselt ist. Sie verändert ihre Form mit dem Wind, geht dorthin, wohin der Wind sie weht, und doch bleibt sie immer eine Wolke. Sie manifestiert Mushin.

Jeden Tag begegnen wir allen möglichen Situationen. Guten Dingen und schlechten Dingen. Dingen, die uns erfreuen, aber auch Dingen, die wir nicht ausstehen können. Aber ganz gleich ob gut oder schlecht, wenn wir uns von ihnen fesseln lassen, wird uns das zutiefst beunruhigen.

»Ich kann nicht glauben, dass er das gesagt hat! Was für ein Idiot – ich bin fertig mit ihm!«

Wir haben Mühe, diesen Wutausbrüchen zu widerstehen, die in unserem Herzen aufsteigen. Wir werden von ihnen verzehrt. Wenn sie unser Gemüt in Beschlag nehmen, setzt Tumult in uns ein und weigert sich, wieder zu weichen.

Natürlich sind Gefühle die Essenz unseres Menschseins; also ist es ganz natürlich, dass wir uns ihnen hingeben. Wenn wir jedoch mit aller Gewalt versuchen, sie zu überwinden, werden sie in unserem Gemüt immer im Vordergrund stehen und wir werden nie von ihnen loskommen.

Ein hölzerner Pfahl, der in die Erde gerammt wird, steht fest und unbeweglich. Ganz gleich, wie stark der Wind weht, er bleibt immer an seinem Platz. Ist der Sturm jedoch stark genug, dann wird der Pfosten wahrscheinlich brechen.

Bambus hingegen ist geschmeidig und biegt sich im Wind, sodass er selbst bei einem Sturm nicht bricht. Sobald der Sturm abflaut, nimmt der Bambus wieder seine natürliche Form an und steht hoch und gerade. Er überlässt sich dem Wind, wenn er weht und wenn er aufhört.

Es gibt keinen Grund, intensiven Gedanken und Gefühlen gegenüber gleichgültig zu sein. Geben Sie sich einfach dem Fluss dieser Gedanken und Gefühle hin, während sie erscheinen und wieder verschwinden.

So wird man nicht von den Gedanken gefesselt. Wenn Sie sie bemerken, lassen Sie die Anspannung abflauen und konzentrieren Sie sich auf das Jetzt. Dann wird Ihr Gemüt sich entspannen und geschmeidig werden.

Und schon kommen wir Mushin, dem Zustand des Nichtbewusstseins, näher.

17

KOMME AM ABEND ZUR RUHE.

Spät in der Nacht ist nicht der richtige Zeitpunkt, um große Entscheidungen zu treffen.

Lassen Sie mich fragen: Sind Ihre Abende friedlich?

Ein Teil der Zen-Praxis ist das nächtliche Zazen. In einigen Sōtō-Zenklöstern beginnt es gegen acht Uhr abends. Für die Mönche ist es ein nächtliches Ritual zur Beruhigung des Geistes vor dem Schlafengehen.

Überlegen Sie einmal: Ertappen Sie sich Abend für Abend, wie Sie nach der Arbeit in einer Bar sitzen und in Ihr Glas schimpfen? Sich den Ärger von der Seele zu trinken mag eine vorübergehende Lösung sein, aber am nächsten Tag fühlen Sie sich wahrscheinlich nicht mehr so gut - oder?

Es ist erstaunlich schwierig, am Abend zur Ruhe zu kommen. Tagsüber überdeckt die Hektik der Arbeit Ihre Befürchtungen, Sorgen und Ängste; aber in der Nacht kommen sie besonders heftig zum Vorschein. Haben Sie sich erst einmal in Ihre Gedanken verstrickt, dann kann es schwierig sein, sie wieder loszuwerden. Ich glaube, dass dies viel mit der Dunkelheit der Nacht zu tun hat, aber es ist ein Kennzeichen der Nacht, dass Sorgen noch mehr Sorgen erzeugen und dass sich Zweifel weiter festsetzen.

Haben wir nicht alle schon einmal die Erfahrung gemacht, dass die Dinge nach einer schlaflosen Nacht morgens ganz anders aussehen? Ihre Probleme erscheinen nicht mehr so schrecklich, und Sie fragen sich, warum Sie so verzweifelt waren.

Spätnächtliche Entscheidungen sind zudem anfällig für Fehler. Und nicht zuletzt stimuliert das ständige Grübeln über all Ihre Sorgen Ihr Gehirn und kann das Einschlafen unmöglich machen.

Aus diesem Grund besteht einer der Tricks, die helfen, am Abend zur Ruhe zu kommen, darin, Entscheidungen zu dieser Zeit so weit wie möglich zu vermeiden.

Dieser Ratschlag deckt sich auch mit den Erfahrungen eines bekannten Ökonomen. Früher sammelte er nachts Informationen aus dem Fernsehen und dem Internet; aber irgendwann beschloss er, damit aufzuhören – er schaltete abends alle Nachrichten aus. Am Morgen fühlte er sich ruhiger als je zuvor, und er traf Entscheidungen mit einem klareren Kopf.

Wenn man Informationen aufnimmt, kommt man nicht umhin, sie zu verarbeiten und sie zu überdenken. Blenden Sie sie deshalb aus.

Dies scheint eine der wichtigsten Methoden zu sein, am Abend zur Ruhe zu kommen.

Eine weitere wirksame Methode zur Förderung der Gelassenheit besteht darin, sich Zeit für etwas zu nehmen, das Ihnen ein gutes Gefühl gibt und Ihnen hilft, sich zu entspannen.

Was das sein könnte, ist natürlich von Mensch zu Mensch verschieden. Einige mögen es, einen Roman zu lesen oder in einem Band mit tröstlichen Gedichten zu blättern. Wenn Sie gerne Musik hören, machen Sie die Nacht zu Ihrer Zeit, um dies zu tun. Wenn Sie gerne basteln oder einem anderen Hobby nachgehen möchten, machen Sie den Abend zu Ihrer Zeit dafür.

Vielleicht möchten Sie ja auch Weihrauch oder eine schöne Kerze anzünden und ein langes Bad nehmen.

Wenn Sie sich Zeit für Vergnügungen nehmen, werden Sie sich ganz natürlich ruhiger und gelassener fühlen. Dies zu einem abendlichen Ritual vor dem Schlafengehen zu machen, ist nicht weniger Zen als ein nächtliches Zazen. So verbessern Sie am Ende die Qualität Ihres Schlafes und wachen erfrischt und bereit für den neuen Tag auf.

TEIL DREI

Hör auf zu wetteifern,
und die Dinge ergeben sich von selbst.

Jeder ist seine eigene Persönlichkeit,
und ich bin, der ich bin.

18

VERSTEIFE DICH NICHT AUF SIEG ODER NIEDERLAGE.

Es spielt keine Rolle, ob du gewinnst oder verlierst.

»Ich kann nicht zulassen, dass der Typ, der nach mir angefangen hat, mein Vorgesetzter wird!«

»Sie haben die Rangliste der Abteilung für diesen Monat veröffentlicht – was soll ich tun?«

Da leistungsabhängige Systeme in der heutigen Arbeitswelt gang und gäbe sind, wird sich jeder im Geschäftsleben seiner Leistungen bewusst sein. Das führt dazu, dass man die eigenen Ergebnisse mit denen anderer vergleicht. Es ist, als befinde man sich im Wettbewerb mit den anderen.

Natürlich kann Wettbewerb motivierend sein.

Aber gleichzeitig reduziert er alle auf bloße Gewinner oder Verlierer. Wenn Sie bessere Ergebnisse liefern als jemand, der zur gleichen Zeit wie Sie in der Firma angefangen hat, dann fühlen Sie sich obenauf; aber wenn Sie nicht so gut sind, stürzen Sie in ein tiefes Loch. Man ist immer diesen emotionalen Wechselfällen ausgeliefert. Das ist zweifelsohne ein Aspekt des Wettbewerbs.

Ich habe den Eindruck, dass ein großer Teil des beruflichen Drucks auf die übermäßige Betonung von Gewinnen und Verlieren zurückgeht. Mehr noch: Wenn man immer nur ans Gewinnen und Verlieren denkt, fördert das eine Mentalität des Gewinnens um jeden Preis. Dies kann dazu führen, dass Sie Informationen für sich behalten, die eigentlich an Ihre Kollegen weitergegeben werden sollten, und dass Sie insgeheim hoffen, andere würden Fehler machen.

Das ist bedauerlich. Aber es ist in der Geschäftswelt gar nicht so ungewöhnlich, dass jemand anderen ein Bein stellt oder ihnen in den Rücken fällt.

Das ist der Punkt, an dem wir anfangen, Probleme zu bekommen.

Angenommen, Sie schaffen es, unter Einsatz aller Mittel zu gewinnen. Hätten Sie dann keine Skrupel, Ihren Sieg zu feiern? Würden Sie sich nicht schuldig fühlen wegen der Art und Weise, auf die Sie gewonnen haben?

Gewinnen um jeden Preis hinterlässt schlechte Gefühle. Das liegt einfach in der menschlichen Natur.

Ist es nicht an der Zeit, sich von dieser Fixierung auf Sieg und Niederlage zu lösen?

Ein Zengo lautet: »Lass dich nicht beirren, selbst wenn die acht Winde wehen.«

Wir werden in unserem Leben von verschiedenen Winden beeinflusst. Manchmal haben wir hilfreichen Rückenwind, und andere Male bekommen wir es mit stürmischen Gegenwinden zu tun. Aber wenn wir von jedem dieser Winde unbeeindruckt bleiben, können wir sie alle wertschätzen.

Wenn unsere Leistung die Leistung unserer Kollegen übertrifft, fühlt sich das wie ein günstiger Wind an. Aber wenn wir hinter unsere Kollegen zurückfallen, können wir dies als Gegenwind empfinden. Das hat jedoch nichts mit Gewinnen und Verlieren zu tun. Es ist bloß das Wehen zeitweiliger wechselnder Winde. Wir sollten sie einfach als Teil der Natur sehen.

So können wir diesen Situationen mit Aufrichtigkeit begegnen.

Das bedeutet, die Ereignisse nicht als etwas zu betrachten, das uns von außen widerfährt. Wir müssen nach innen schauen, auf unser eigenes Herz.

»Hast du wirklich deine ganze Kraft in dieses Projekt investiert?«

»Du hast dich damit abgefunden, die Dinge in einem gewissen Zustand zu belassen. Aber meinst du nicht, du hättest noch etwas mehr tun können?«

Natürlich kann es Zeiten geben, zu denen Sie ehrlich sagen können, dass Sie alles gegeben haben, dass Sie Ihre ganze Energie eingesetzt haben. Wenn Sie aufrichtig sagen können, dass Sie Ihr Bestes gegeben haben, dann ist das genug.

In solchen Momenten werden Sie ein Gefühl der Zufriedenheit mit der von Ihnen geleisteten Arbeit haben.

Dieses Gefühl der Befriedigung ist das Wichtigste – zumindest glaube ich das. Denn solange Sie zufrieden sind, werden Sie in der Lage sein, das Ergebnis mit Gelassenheit zu akzeptieren, ganz gleich, wie es aussieht. Sie werden einen Zustand der Zufriedenheit aufrechterhalten können, ganz gleich, welche Winde auch immer wehen.

Verlagern Sie also Ihre Perspektive von außen nach innen. Die Spuren von Sieg und Niederlage werden dann bald verblassen.

19

BLEIB BEI DER STANGE, LANGSAM UND BESTÄNDIG.

Tue dies, anstatt die Talente anderer zu beneiden.

»Ich schufte mich ab, um dieses eine Projekt zu beenden, und er produziert eine neue Idee nach der anderen, als wäre es nichts.«

»Meine Verkaufsquote zu erfüllen ist ein ständiger Kampf. Wieso ist das für sie immer so leicht?«

Ich wette, das kommt vielen von uns bekannt vor. Irgendwann wurden wir alle schon einmal von den Talenten eines anderen geblendet.

Aber Neid hilft uns nicht weiter. Anstatt neidisch zu sein, sollten Sie unbedingt Folgendes tun: Lernen Sie, beharrlich zu sein und Ihre Arbeit mit Beständigkeit bestmöglich zu erledigen. Wenn Sie diese Gewohnheit kultivieren, werden Sie in der Lage sein, über sich hinauszuwachsen. So sehe ich das.

Die Essenz der buddhistischen Praxis besteht darin, bestimmte Dinge wieder und wieder zu tun. Während der *Seichu* genannten Schulungsperioden unterziehen sich die Mönche tagein, tagaus einer rigorosen Praxis.

Seichu dauern einhundert Tage. Die Mönche wiederholen jeden Tag das Gleiche – Zazen sitzen, Sutras rezitieren, Saubermachen –, und all dies wird zur Gewohnheit. Eine Weise, dies zu beschreiben, ist, dass der Körper lernt und sich erinnert.

Selbst wenn ein Mönch ein intuitives Verständnis der buddhistischen Schriften hat, es aber versäumt, die erforderliche Anstrengung zu unternehmen, dann versagt er in seiner Schulung – er ist nicht auf dem Weg zur Erleuchtung.

Ichiro Suzuki, der als Star der obersten japanischen Baseball-Liga Rekorde aufgestellt hat, sagte einmal: »Ich bin nicht der Meinung, dass ein ›Wunderkind‹ ohne Anstrengung erfolgreich sein kann. Ich glaube vielmehr, dass ein Wunderkind *aufgrund* seiner Anstrengungen erfolgreich ist. Jeder, der glaubt, dass meine Fähigkeit, einen Baseball zu schlagen, keine Anstrengung erfordert, irrt sich.«

Selbst Ichiro, ein Profisportler mit einer Fülle von Begabungen, sagt, dass man kein Wunderkind sein kann, ohne sich anzustrengen.

Sie können so begabt sein wie Ichiro – oder sogar noch mehr –, aber wenn Sie sich nicht anstrengen, werden Ihre Talente nie zur Entfaltung kommen. Die Anstrengung zählt mehr als die Begabung.

Im Buddhismus gibt es eine ähnliche Geschichte, eine Anekdote über den chinesischen Zenmeister Xiangyan Zhixian (jap.: Kyōgen Chikan), der während der Tang-Dynastie wirkte. Gelehrt und bereits als weise gepriesen, noch bevor er Zen-Mönch geworden war, war er zutiefst beunruhigt über seine Unfähigkeit, ein ihm von seinem Meister gestelltes Koan zu beantworten. In seiner Verzweiflung und angesichts seiner eigenen Besessenheit von Buchwissen verbrannte er seine große Sammlung von buddhistischen Schriften. Er widmete sich dann der Pflege des Grabmals des Zenmeisters Nanyang Huizhong (jap.: Nanyō Echū), der hundert Jahre alt geworden war. Jeden Tag tat er nichts weiter, als das Grabmal des Meisters zu reinigen. Eines Tages, als er es fegte, flog eine Ziegelscherbe von seinem Besen, traf einen Bambusstamm und machte ein klirrendes Geräusch. Als Kyōgen Zenji dieses Klirren hörte, erfuhr er Erleuchtung.

Hier zeigt sich die Bedeutung von beharrlicher Anstrengung, dieselbe Arbeit immer wieder langsam und beständig zu leisten.

Talent mag angeboren sein. Aber es nützt nichts, sich zu wünschen, die Begabung eines anderen zu haben oder an der Befähigung einer anderen Person teilhaben zu können. Stattdessen ist es an jedem von uns, selbst zu entscheiden, wie viel Mühe er sich geben muss.

Achten Sie nicht auf den Burschen, der die meisten Verkäufe macht. Wenn Sie morgens mit der Arbeit beginnen, widmen Sie sich ihr jeden Tag langsam und beständig – etwa mit einer prägnanten E-Mail an einen Kunden, nur um sich zu melden oder um einige Gedanken oder Informationen mit ihm zu teilen.

Machen Sie das hundert Tage lang, und vielleicht sind Sie derjenige, der das Klirren hört und die eigene Quote mit Leichtigkeit übertrifft.

20

ERLEBE DANKBARKEIT.

Es gibt nicht viel, das du ganz allein erreichen kannst.

Der Begriff *Okagesama* ist ein dem japanischen Volk gemeinsames Erbe. Wörtlich übersetzt bedeutet der Ausdruck *okagesama de* »der Schatten der Götter«; er wird aber meist als Ausdruck der Dankbarkeit verwendet.[5]

Rücksichtnahme und Dankbarkeit haben bei den Japanern traditionell einen hohen Stellenwert. Für die Landwirtschaft, die das Rückgrat des Landes bildet, ist kooperative Arbeit von grundlegender Bedeutung. In der Geschichte Japans wurden die Äcker und Reisfelder durch kollektive Anstrengung und Bewässerung instand gehalten – wenn man einmal knapp an Arbeitskräften war, halfen die Nachbarn aus. Das war einfach die Art und Weise, wie die Dinge immer gemacht wurden.

Dahinter stand der Gedanke der Dankbarkeit und Wertschätzung. Aber diese Sensibilität ist nach und nach verloren gegangen, und heute sieht es so aus, als würde die Gesellschaft immer eigennütziger und egoistischer.

Am deutlichsten ist dies vielleicht in der Geschäftswelt zu spüren. Früher gingen die Leute ihre Arbeit im Geiste der Teamarbeit an, wobei jeder seine eigenen Fähigkeiten im Rahmen seiner Position unter Beweis stellte. Aber dieser Ansatz wird durch den inzwischen weitverbreiteten Einfluss eines ergebnisgetriebenen Systems offenbar völlig überlagert.

»Die Verbesserung meiner Leistung ist meine oberste Priorität.«

»Wenn ich nur meine Zahlen verbessern könnte.«

Diese Art des Denkens beschleunigt das Streben nach Individualismus und Eigeninteresse. Das Ergebnis ist eine Arbeitskultur, in der es erlaubt ist, anderen ein Bein zu stellen oder Rivalen in den Rücken zu fallen, solange dies zu persönlichem Erfolg führt.

Aber wie ich bereits sagte, ist die Danksagung Okagesama ein gemeinsames Erbe des japanischen Volkes.

Von dem Tsunami, der Japan am 11. März 2011 heimsuchte, wurden Städte und Dörfer verwüstet; mehr als zehntausend geliebte Menschen verloren ihr Leben und zahllose Lebensgrundlagen wurden zerstört. Und dennoch dankten viele Menschen denjenigen, die ihnen zu Hilfe kamen.

Es gibt noch Gutes in dieser Welt.

Das Konzept des Mutualismus, der Koexistenz dank des gegenseitigen Handelns zum eigenen Wohl und dem Wohle anderer, entspricht dem Zen-Denken.

Okagesama bezog sich ursprünglich auf die eigenen Vorfahren. Es erkannte an, dass wir unsere Existenz denjenigen verdanken, die nicht mehr unter uns weilen, und dass wir unter ihrem Schutz stehen. Wenn wir Okagesama sagen, drücken wir damit unsere Dankbarkeit für diese Protektion aus.

Sie mögen das Gefühl haben, unabhängig zu existieren, aber wir alle haben Eltern. Und jedes Elternteil hat selbst wiederum zwei eigene Eltern. Wenn Sie zehn Generationen zurückgehen, haben Sie bereits eintausendvierundzwanzig Vorfahren. Bei zwanzig Generationen sind es weit über eine Million.

Wäre nur einer Ihrer Vorfahren nicht gewesen, so wären Sie jetzt nicht hier. Sie sind heute am Leben, weil Ihre Vorfahren es geschafft haben zu überleben. So gesehen können Sie sich wohl kaum des Eindrucks erwehren, dass Sie nicht dank Ihrer eigenen Person hier sind, sondern dank Ihrer Vorfahren.

Das Gleiche gilt für Ihre Arbeit. Ganz gleich, für wie fähig Sie sich halten: Es gibt eine natürliche Grenze für das, was Sie allein erreichen können. Sich ganz allein auf Ihren eigenen Erfolg zu verlassen bedeutet, dass Sie nie in der Lage sein werden, etwas Größeres zu erreichen. Irgendwann werden Sie mit einer Aufgabe konfrontiert sein, die Sie allein nicht bewältigen können, und werden dann einsehen müssen, wie närrisch bloßes Eigeninteresse ist. Wenn das passiert, wird es sein, als krachten Sie gegen eine Wand.

Lernen Sie, dankbar zu sein – und bei welcher Arbeit auch immer werden Sie die Unterstützung anderer erhalten. Auch ein Geschäft, das Sie selbst abgeschlossen haben, ist nicht allein die Frucht Ihrer eigenen Arbeit. Gab es nicht Menschen, die Ihnen bei der Vorbereitung der für die Verhandlungen erforderlichen Unterlagen geholfen haben? Vielleicht hat Ihnen jemand, der sich mit Computern auskennt, bei der Präsentation geholfen? Oder hat jemand Anrufe und Nachrichten von dem Kunden, mit dem Sie verhandelt haben, entgegengenommen? Und was ist mit der Person, die Tee serviert hat, wenn Ihr Kunde in Ihrem Büro zu Besuch war?

All diesen Menschen haben Sie es zu verdanken, dass Sie das Geschäft abschließen konnten. Wenn Sie in der Lage sind, anderen gegenüber Dankbarkeit zu zeigen, werden die Menschen um Sie herum Sie gerne bei Ihren Unternehmungen unterstützen. Und wer immer diese Art von Unterstützung genießt, wird noch größere Ziele erreichen können.

21

VERWENDE DIE RECHTEN WORTE.

Worte haben eine eindrucksvolle Macht.

Schlechte Nachrichten verbreiten sich schnell, heißt es, aber auch Klatsch und Verleumdung machen schnell die Runde.

Klatsch und Verleumdung werden immer einen Preis haben.

In dem Maße, in dem Sie hinter dem Rücken anderer reden oder schlechte Dinge über andere sagen, wird Ihnen irgendwann das Gleiche angetan. Und nicht nur das: Es ist wahrscheinlich, dass der Chef, über den Sie sich beschwert haben, davon Wind bekommt, was die Beziehung zu ihm unangenehm macht und Ihre Position gefährdet.

Im Zen sprechen wir viel über »freundliche Rede«. Wir predigen, dass man andere mitfühlend behandeln und mit Zuneigung zu ihnen sprechen sollte.

»Gütige Rede entspringt einem liebenden Geist, und der Keim eines liebevollen Geistes ist Mitgefühl. Wir sollten lernen, dass freundliche Rede die Macht hat, die Welt zu verändern.«

Dies ist ein Zitat aus dem *Shōbōgenzō*, dem Meisterwerk von Dōgen Zenji. Ich hoffe, Sie nehmen sich diese Ansicht zu Herzen – dass unsere freundliche Rede im mitfühlenden Gespräch mit anderen das Potenzial hat, Himmel und Erde zu bewegen.

Natürlich ist nichts falsch daran, freundliche Scherze zu machen – diese können dazu dienen, die Atmosphäre zu entspannen oder die Stimmung aufzulockern.

Und selbstverständlich hat niemand jederzeit zu hundert Prozent nur gute Eigenschaften – jedermann trägt den Keim der Bosheit in sich. Und genauso ist niemand zu einhundert Prozent nur schlecht.

Ändern Sie Ihre Perspektive, suchen Sie die guten Seiten der anderen – ihre versöhnlichen Eigenschaften – und preisen Sie diese. Die meisten Menschen werden nicht angriffslustig sein, wenn sie gelobt werden, und sie werden gern ein Kompliment zurückgeben.

Aber es ist wichtig, es sich nicht zu leicht zu machen und anzunehmen, dass man jemandem einfach nur zu schmeicheln braucht. Das ist Regel Nummer eins. Lob ist sinnlos, wenn man es nicht wirklich ernst meint. Sie müssen herausfinden, was Sie wirklich an jemandem beeindruckt. Allerdings sind wir meistens nicht sehr gut darin, Komplimente zu machen. Goethe sagte: »Warum nimmt die üble Nachrede kein Ende? Die Leute scheinen zu glauben, es würde ihren eigenen Wert schmälern, wollten sie auch nur die geringste Leistung anderer anerkennen.«

Das Gefühl, dass uns etwas weggenommen wird, wenn wir andere loben, ist beschämend; aber zweifellos gibt es viele Menschen, die so empfinden.

Eine Beziehung, in der echte Komplimente ausgetauscht werden, in der zwei Menschen die Stärken des jeweils anderen anerkennen, kann geistig bereichernd sein.

Lassen Sie uns also diese seltsamen Neurosen und den Stolz ausräumen.

Wie der chinesische Historiker Sima Qian sagte: »Ein weiser Mann beschimpft andere nicht, auch wenn eine Freundschaft beendet ist.«

Wie bewundernswert. Ich selbst strebe dasselbe an.

22

LASS JUNGE MENSCHEN VERANTWORTUNG ÜBERNEHMEN.

Du wirst sicher auch einmal an der Reihe sein.

Die meisten Menschen in der Wirtschaft würden sagen, es sei wichtig, an vorderster Front zu stehen.

Wo genau das ist, ist natürlich ebenso wie die Art der Arbeit von Job zu Job verschieden, aber der Grundgedanke ist in jedem Fall derselbe: dafür zu sorgen, dass die eigene Präsenz deutlich spürbar ist.

Wie uns die Geschwindigkeit der technologischen Innovationen deutlich macht, werden sich die Arbeitsinstrumente ständig weiterentwickeln und es wird immer wieder neue geben.

Je nachdem, in welchem Bereich Sie tätig sind, ist die Beherrschung der Technologie oft eine Voraussetzung, um an der Spitze bleiben zu können.

Dies kann sich für Menschen, die nicht mit Computern und dem Internet groß geworden sind, als schwierig erweisen. Bei der Einführung der ersten Personal Computer wurde die Beherrschung des Computers zu einer solchen Quelle von Stress, dass einige Menschen mittleren Alters und ältere Arbeitnehmer autonome Störungen des Nervensystems entwickelten. Dieser Zustand bekam sogar einen Namen – er wurde Technophobie genannt.

Aber die Zurschaustellung des eigenen Könnens ist nicht der Weg zur Aufrechterhaltung einer starken Präsenz. Wenn es unter Ihren Untergebenen Starspieler gibt, die bestimmte Fähigkeiten besitzen, hilft es, adäquate Aufgaben an sie zu delegieren. Für Aufgaben, die Fähigkeiten erfordern, über die Sie selbst nicht verfügen, können Sie das Team um entsprechend Ausgebildete ergänzen.

Wenn Sie auf diese Weise Verantwortung übertragen, können Sie wiederum andere schulen und zielgerichtete Teams aufbauen. Dies scheint mir eine Möglichkeit zu sein, Ihre Arbeit zu erledigen und gleichzeitig eine starke Präsenz in der Geschäftswelt zu behaupten.

Indem Sie es wagen, sich von der Frontlinie zurückzuziehen, können Sie auf Ihre Erfahrung zurückgreifen und Ratschläge erteilen, während Sie die Fortschritte des Teams überwachen und den Kurs ändern, wenn das nötig ist. All das wäre eine ausgezeichnete Gelegenheit, Ihre Präsenz zu demonstrieren.

Im Zen gibt es das Wort *Kankosui*, das »alte Ahle« bedeutet. Es bezieht sich auf eine Ahle, deren Spitze abgenutzt ist und die nicht mehr benutzt wird. Eine brandneue Ahle mit einer scharfen Spitze kann schnell und einfach ein Loch stechen. Aber sie kann auch Verletzungen verursachen.

Eine alte Ahle mit abgenutzter Spitze ist nicht sehr praktisch, wenn es nur darum geht, Löcher zu stechen. Allerdings kann sie niemandem wehtun und hat ihren ganz eigenen Charme.

Wenn Menschen älter werden, sind sie ebenfalls nicht mehr so scharf, wie sie es früher waren. Sie lernen vielleicht nicht mehr so schnell neue Fähigkeiten. Aber sie verfügen nach vielen Jahren der Arbeit über einen reichen und vielfältigen Erfahrungsschatz.

Wie gut können Menschen mit weniger Erfahrung schwierige Verhandlungen führen? Sind sie in der Lage, heikle Situationen zu umschiffen? Solche Szenarien können Uneingeweihte leicht zu Fall bringen.

»Die alte Ahle kommt gerade recht«, sagt ein Zengo, das auf eine solche Situation zutrifft.

»Ich will Ihnen verraten, wie Sie meiner Erfahrung nach ...«, könnten Sie sagen, nachdem Sie den rechten Augenblick abgewartet haben.

Die alte Ahle kann die verfeinerten Fähigkeiten vorleben, die der Reife entwachsen.

23

NIMM DEINE UMSTÄNDE AN, WIE AUCH IMMER SIE AUSSEHEN MÖGEN.

Unabhängig davon, ob sie günstig oder ungünstig sind.

»Was? Eine Versetzung in ein regionales Verkaufsbüro? Warum trifft es gerade mich?«

»Wieso passiert so etwas immer nur mir?«

Jeder, der mit einer unerwarteten Situation konfrontiert wird, wird wahrscheinlich ähnlich reagieren.

Selbst wenn es sich nicht um eine so große Veränderung wie eine regionale Versetzung handelt – es könnte zum Beispiel sein, dass jemand, der gerne im Vertrieb arbeiten würde, in der Abteilung für allgemeine Angelegenheiten festsitzt, oder dass jemand, der sich mit strategischer Planung befassen möchte, in der Buchhaltung landet –, führen Umstände wie diese zu Unmut und Kummer.

Unsere Lebensumstände ändern sich ständig. Und gerade in wirtschaftlich schwierigen Zeiten kann es sein, dass unsere Arbeitsbedingungen sich stark verändern. Jeder kennt den Satz »Alle Dinge sind vergänglich«, der ursprünglich aus dem Buddhismus kommt. Er bedeutet, dass sich alles auf der Welt ständig ändert; dass nichts auch nur für einen Moment gleich bleibt. Wir befinden uns in einem Zustand des ständigen Übergangs.

Tatsache ist jedoch, dass wir gute Veränderungen bereitwillig annehmen und uns schwertun, die schlechten zu akzeptieren.

Aber ganz gleich, wie entmutigt wir uns fühlen oder wie sehr wir uns ärgern: Das wird die Umstände nicht ändern. Ganz im Gegenteil verstärkt es nur die negativen Gefühle; was zu einer Abwärtsspirale aus Groll und Kummer und in eine psychische Sackgasse führt.

So sollte man also nicht denken.

Es gibt keinen denkbaren Umstand, den Sie sich nicht zunutze machen könnten. Die Erfahrung, die Sie in schwierigen Situationen machen, kann zu einem Sprungbrett in die Zukunft werden – hin zu echtem Fortschritt, zu etwas, das Sie nährt.

Konosuke Matsushita, der Gründer von Panasonic, sagte: »Unabhängig davon, ob deine Umstände günstig oder ungünstig sind: das Wichtigste ist, sie freundlich zu durchleben.«

Wahrlich ein weiser Spruch.

Wenn man freundlich lebt, gibt es keine guten oder schlechten Umstände. Es gibt nichts anderes zu tun, als die Umstände, in denen man sich befindet, anzunehmen.

Wenn Sie im Regionalvertrieb landen, sehen Sie dies als eine Chance, ein Netzwerk von Beziehungen aufzubauen. Sie können sich ernsthaft auf den Aufbau von Beziehungen konzentrieren und jedem Kunden mit gewissenhafter Aufmerksamkeit begegnen. Das wird Ihre Aussichten schnell verbessern.

Unabhängig von der Branche, sind auf Vertrauen basierende Beziehungen zu einem breiten Spektrum von Menschen ein wirksames Werkzeug und ein wertvolles Gut.

Wenn Sie in der Buchhaltung hart arbeiten und eine Menge Wissen über Buchhaltung sammeln, wird Ihnen das in Zukunft nicht von Nutzen sein? Geschäftspläne, die durch solide Buchhaltungskenntnisse und Kostenbewusstsein gestützt werden, sind auf lange Sicht besser realisierbar.

Im Zen sagen wir: »Tag für Tag ist ein guter Tag.«

Das soll nicht heißen, dass das Leben eine Aneinanderreihung von guten Tagen ist. Es wird Sonnentage und Regentage geben. Manchmal können Sie in sanftem Sonnenschein baden, und andere Male müssen Sie gegen kalten Wind ankämpfen. Aber ganz gleich, was passiert, Sie werden um die unschätzbare Erfahrung reicher sein, diesen Tag gelebt zu haben, und er wird sich als wertvoll für Ihre Existenz erweisen. Nach der Sichtweise des Zen sind alle Tage von Bedeutung; und deshalb gibt es immer etwas Gutes zu entdecken.

Ihre Umstände sollten keinen Einfluss auf die Art und Weise haben, wie Sie Ihr Leben leben.

Die Art und Weise, wie Sie Ihr Leben leben, wird Ihre Wahrnehmung der Umstände beeinflussen.

24

ERLEDIGE DIE DINGE DES HEUTIGEN TAGES HEUTE.

Das Geheimnis eines zwanglosen Lebensgefühls.

»Ich habe zu tun.«

»Ich habe nicht genug Zeit.«

»Es ist immer ein Wettlauf gegen die Uhr.«

Viele Geschäftsleute fühlen sich so.

In vielen Gesellschaften ist Überarbeitung an der Tagesordnung, und oft hat man das Gefühl, dass der Tag einfach nicht genügend Stunden hat. Unweigerlich bleibt Arbeit liegen, und man kann nicht anders, als eine trotzige oder Was-solls-Haltung dazu einzunehmen.

»Es gibt nichts, was unbedingt heute erledigt werden muss, also werde ich den Rest morgen erledigen oder wer weiß, wann.«

Aber dadurch haben Sie nur umso mehr den Eindruck, dass Ihnen die Zeit wegläuft. Wenn man Dinge, die man heute erledigen sollte, auf morgen verschiebt, wird der morgige Tag umso beengter beginnen.

Wenn so etwas wiederholt vorkommt, sind Sie am Ende zu spät dran oder die Zeit läuft Ihnen davon. Irgendwann geht Ihnen der mentale Raum aus, und dann werden Sie ungeduldig und ärgerlich.

Vielleicht kennen Sie das Sprichwort: »Zeit und Gezeiten warten auf niemanden.«

Die Zeit passt sich nicht den Zeitplänen der Menschen an – und die auflaufende Flut spült einfach über uns hinweg.

Das ähnelt der buddhistischen Vorstellung von der Vergänglichkeit. Nichts in dieser Welt bleibt auch nur einen Augenblick lang gleich; alles befindet sich in ständigem Wandel. Die Zeit ist bereits weitergegangen und wird nie wiederkehren.

Das mag offensichtlich erscheinen, aber gerade weil es so offensichtlich ist, sind wir uns dessen nicht bewusst.

Ich halte es für wichtig, dieses Bewusstsein wieder in den Vordergrund zu rücken. Erledigen Sie heute, was heute getan werden muss. Es gibt keinen effektiveren Dreh zur Vermeidung des Wettlaufs mit der Zeit oder des Eindrucks, von der Zeit eingeengt zu werden.

Hakuin Ekaku gilt als Reformator der Rinzai-Schule des Zen in Japan, und Hakuin Zenjis Meister war Dōkyō Etan, auch bekannt als »der alte Mann von der Shōju-Einsiedelei«.

Unter der strengen Anleitung von Dōkyō Etan erlangte Hakuin Zenji Erleuchtung. Von Dōkyō Etan stammt der Spruch: »Ernsthafte Dinge sind nur heute wichtig.«

Das bedeutet, dass selbst die wichtigsten Dinge nur heute vorhanden sind – womit gesagt sein soll: Verweile mit einem reinen Geist in jedem Moment.

Mit einem reinen Geist in jedem Moment zu verweilen bedeutet meiner Ansicht nach, nur die Dinge zu tun, die getan werden müssen.

Dōkyō Etan lehrte auch, dass es – ganz gleich, wie schmerzhaft die Dinge sind, die wir heute tun müssen – keine andere Zeit gibt, sie zu erledigen, als jetzt. So überwindet man Widrigkeiten. Folgen wir dieser Logik, macht das Aufschieben schwieriger Dinge sie nur noch schwieriger. Wenn man irgendetwas aufschiebt, bedeutet das nicht, dass man davonkommt, ohne diese Arbeit zu verrichten. Sie müssen sie trotzdem erledigen. Und Ihre Zeit wird dadurch nur noch knapper.

Beurteilen Sie das, was Sie zu tun haben, nicht danach, wie anstrengend oder leicht es ist – erledigen Sie die Aufgaben in einer methodischen Reihenfolge. Das ist mein eigener Stil.

Ich bin der Oberpriester eines buddhistischen Tempels, also weiß ich nie, wann ich zu einer Beerdigung gerufen werde. Natürlich sind Beerdigungen die höchste Berufung. Währenddessen kann man keine andere Arbeit leisten. Es kann störend sein, die Dinge halb fertig liegen zu lassen, denn es ist schwierig, sie wieder aufzunehmen, wenn der Fluss unterbrochen wurde.

Wenn ich an einem langfristigen Projekt arbeite, sage ich mir deshalb: »Ich werde heute soundso viel erledigen«, und dann sorge ich dafür, dass ich das Ziel, das ich mir gesetzt habe, auch erreiche.

Ich bin nicht nur Oberpriester, sondern auch ein Gestalter von Zen-Gärten, ich schreibe Bücher und ich lehre an Universitäten. Also stehen alle möglichen Dinge auf meiner Aufgabenliste. Die Leute sagen oft zu mir: »Vierundzwanzig Stunden sind nicht genug.« Aber ich habe nie das Gefühl, unter Zeitdruck zu stehen.

Erledige die Dinge des heutigen Tages heute.

Also gut. Warum erledigen Sie die Aufgaben, die vor Ihnen liegen, nicht gleich jetzt?

25

LAUF NICHT EINFACH WEG.

Scheitern bedeutet nicht, dass dein Leben vorbei ist.

Niemand scheitert gern. Aber die Angst vor dem Scheitern bei der Arbeit kann Sie risikoscheu machen. Sie unterdrücken dann Ihre Bereitschaft, sich neuen Herausforderungen zu stellen, und wenn Sie vor allem »sicher« sein wollen, können Sie Ihren Elan verlieren und Chancen zur Weiterentwicklung verpassen.

»Schau hin, bevor du springst«, sagt man. Aber wenn Sie erst schauen und dann nicht springen, oder wenn Sie sich nicht dazu durchringen können, zu springen, dann bremsen Sie sich selbst ganz entscheidend.

Scheitern ist unvermeidlich. Und wenn man versucht, sein Scheitern zu verbergen, wird man zum Heimlichtuer; was noch schlimmer ist, als zu scheitern – der Versuch, einen kleinen Fehler zu verbergen, kann ihn erst richtig groß machen.

Unabhängig von den Umständen ist die beste Reaktion, sich zu entschuldigen – sofort und ganz offen. Selbst wenn es Ihnen gelingt, Ihr Versagen zu vertuschen, ändert das nichts an der Tatsache, dass es nun mal passiert ist. Um einen Neuanfang zu schaffen, haben Sie ohnehin keine andere Wahl, als korrigierende Maßnahmen zu ergreifen.

Ich denke, man muss sein Versagen bereitwillig zugeben, damit alle Beteiligten wissen, was Sache ist. Auf diese Weise muss auch niemand das Gefühl haben, mitschuldig zu sein.

Scheitern bedeutet nicht, dass Ihr Leben vorbei ist. Es gibt keinen echten Grund, ein Scheitern zu leugnen. – Was wäre, wenn Sie sich einfach vornähmen, das Gleiche nicht wieder geschehen zu lassen? Im Zen sagen wir: »Alle Dinge treten aus dem Nichts hervor.« Das bedeutet, dass jeder von uns mit nichts geboren wird; und da dies unser ursprünglicher Zustand ist, gibt es keinen Grund, an irgendwelchen Dingen zu haften.

Seinen Job nicht verlieren zu wollen, ist eine Anhaftung. Wenn Sie Ihren Arbeitsplatz verlieren, müssen Sie einen neuen Weg finden, Ihren Lebensunterhalt zu bestreiten; aber es gibt keinen Grund, sich darüber Sorgen zu machen, solange es nicht eintritt. Natürlich ist es eine ernste Sache, wenn Sie den Ruf des Unternehmens geschädigt oder Geld zum Fenster hinausgeworfen haben, aber ein oder zwei Fehler werden wahrscheinlich nicht zu Ihrer Entlassung führen.

Und selbst wenn Sie entlassen werden, sind Sie einfach wieder da, wo Sie angefangen haben: in Ihrem ursprünglichen Zustand des absoluten Nichts. Und jedermann ist mit der Fähigkeit gesegnet, neu anzufangen.

Wenn Sie Ihre Bindung an das Unternehmen oder an Ihre derzeitige Position loslassen, werden Sie sehen, dass es keinen Grund gibt, sich vor einem Versagen zu fürchten. Sie werden dann in der Lage sein, bei der Arbeit mehr Eigeninitiative zu ergreifen, und Sie werden sich sogar besser ausdrücken und Ihre Fähigkeiten besser unter Beweis stellen können.

Kazuo Inamori, der die Position des Geschäftsführers von Japan Airlines übernommen und das Unternehmen nach seinem Konkurs durch eine Umstrukturierung geführt hat, ist ebenfalls ein Zen-

Priester. Er sagte einmal: »Es gibt kein Scheitern. Man kann nicht versagen, wenn man sich selbst herausfordert. Du scheiterst nur dann, wenn du aufgibst.«

Es ist wichtig, sich an unseren ursprünglichen Zustand zu erinnern; daran, dass »alle Dinge aus dem Nichts hervortreten«. Ich hoffe, Sie werden sich weiterhin ohne Angst vor dem Scheitern herausfordern.

26

SEI TOLERANTER.

Sei du selbst und lass andere sie selbst sein.

Ein Sprichwort sagt: »So viele Köpfe, so viele Ansichten.« In einer Gruppe von zehn Personen gibt es zehn verschiedene Charaktere und Meinungen.

Das gilt natürlich auch fürs Büro, wo die Menschen, mit denen wir zusammenarbeiten – ob Vorgesetzte oder Untergebene –, sich nicht nur in ihren Charakteren und Meinungen unterscheiden, sondern auch teilweise ganz andere Lebensauffassungen haben.

Es ist ganz natürlich, dass wir gelegentlich von Menschen frustriert sind, die derart anders sind als wir.

Nehmen wir zum Beispiel einen Angestellten, dessen Vorgesetzter sehr familienorientiert ist. Der Angestellte könnte sich darüber beschweren, dass der Vorgesetzte am Ende des Arbeitstages das Büro pünktlich verlässt, weil er seiner Familie den Vorrang gibt, während alle anderen noch hart arbeiten. Der Angestellte mag dieses Verhalten nicht als guten Führungsstil akzeptieren.[6]

Ein Manager wiederum könnte seine Untergebenen für ihre Geselligkeit nach Büroschluss kritisieren. Oder ein pedantischer Chef schnalzt mit der Zunge und wirft einen spöttischen Blick auf seine weniger akribischen Mitarbeiter.

Ich sage es noch einmal: So viele Köpfe, so viele Ansichten. Es gibt solche und solche. Abgesehen von den unterschiedlichen Lebensphilosophien, ist es einfach unvernünftig, an anderen Menschen herumzukritteln. Wenn sich etwas negativ auf die Arbeit auswirkt, dann muss man das natürlich ansprechen, aber ansonsten gilt der Grundsatz, dass man verschiedene Perspektiven anerkennen sollte.

Die Unfähigkeit, dies zu verstehen, scheint mir die Ursache für viel zwischenmenschlichen Streit bei der Arbeit zu sein.

Fragen Sie sich selbst: Hat der Grund Ihres Ärgers über Ihren Vorgesetzten oder Ihre Untergebenen etwas damit zu tun, dass Sie ihnen Ihre eigenen Werte aufzwingen möchten?

Akzeptieren Sie die Sichtweise der anderen Menschen. Dies wird Ihre Unzufriedenheit beenden und Ihnen mehr Unbeschwertheit und Leichtigkeit bescheren. – Außerdem können Sie so die Stärken und Schwächen der anderen anerkennen.

Angenommen, Sie arbeiten in der Planungsabteilung Ihres Unternehmens und sollen Strategievorschläge ausarbeiten, die Sie Ihren Kollegen präsentieren. Dabei könnten Sie folgende Reaktion bekommen: »Ich habe mich abgerackert, um seinen Vorschlag mit den nötigen Daten zu unterfüttern, und er kommt einfach daher, hält seine Präsentation auf der Grundlage meiner Arbeit und erntet die ganze Anerkennung. Es ist ein undankbarer Job.«

Aber bedenken Sie: Ihre Stärke ist das Verfassen von Vorschlägen; also sollten Sie Ihre Energie vielleicht *darauf* konzentrieren und die Präsentation Ihrem redegewandten Kollegen überlassen. Wie wäre es, wenn Sie Folgendes sagten: »Überlassen Sie den Vorschlag mir. Ich werde erstklassige Arbeit liefern, und Sie Ihrerseits können die Angelegenheit dann mit einer tollen Präsentation krönen.«

Diese Aufgabenteilung nutzt die Stärken von Ihnen beiden, während Sie Ihre Schwächen umgeht, sodass jeder von Ihnen mehr Spaß an seiner Arbeit hat.

Drüben in der Verkaufsabteilung Ihres Unternehmens gibt es hervorragende Experten für die detaillierten Berechnungen, die zu den Geschäften gehören, während andere überaus effektiv in der Kundenbetreuung sind.

Das Erkennen der Stärken und Schwächen der anderen ermöglicht eine harmonische Arbeitsteilung, und jeder kann effizienter und produktiver sein. Das kommt letztlich auch Ihnen zugute.

Eine Sache möchte ich noch hinzufügen: Ich habe eine strikte Regel für eine tolerante Haltung gegenüber denjenigen, mit denen ich zusammenarbeite; sie gewährleistet einen reibungslosen Ablauf.

Kaibara Ekken, ein konfuzianischer Gelehrter und Botaniker der altchinesischen Kräutermedizin, der während der Edo-Zeit lebte, sagte Folgendes: »Die Weisen sollten, da sie Weise sind, sich selbst gegenüber gerecht sein und nicht gegenüber anderen. Gewöhnliche Menschen sollten, da sie gewöhnlich sind, anderen gegenüber nachsichtig sein und nicht gegenüber sich selbst.«

Wenn Sie sich diese Maxime zu Herzen nehmen, werden Ihre Beziehungen zu denjenigen, die im Beruf Ihre Vorgesetzten oder Untergebenen sind, Ihnen keine Sorgen machen. Sie können mit Leichtigkeit und Zuversicht weiterarbeiten.

27

SCHWIMME MIT DEM STROM.

Alleinsein ist gut, aber Isolation ist es nicht.

Es gibt den Sinnspruch »Ein Mann hat viele Rivalen«, der vielleicht eher Menschen in einem gewissen Alter bekannt ist.

Es mag sich ziemlich verallgemeinernd anhören, wenn man sagt, die Welt sei so ein harscher Ort, aber es scheint tatsächlich Menschen zu geben, die sich überall nur Feinde machen. – Wie der Typ auf der Arbeit, der aggressiv seine eigene Agenda durchsetzt. Das erfordert natürlich ein gewisses Geschick, aber es ignoriert auch die Reibung, die dadurch entsteht; und ich kann mich des Eindrucks nicht erwehren, dass die Zwietracht, die er sät, sich ihm eines Tages als Hindernis in seinen Weg stellen wird.

Nehmen wir an, Sie arbeiten an einem größeren Projekt als je zuvor und schaffen es kaum, ein Team zusammenzustellen, weil Sie überall Rivalen sehen. Sie laufen Gefahr, dass Ihre Kollegen sagen: »Du wirst nicht zufrieden sein, wenn nicht alles genau so gemacht wird, wie du es willst. Dann mach deinen Kram doch einfach selbst. Wir wollen nichts von totaler Zusammenarbeit hören.«

Man sagt, dass Führungskräfte von Natur aus Einzelgänger sind, aber sie dürfen sich nicht isolieren. Tun sie das, dann sind sie nicht in der Lage, ihre Rolle auszufüllen, und Ungeduld und Gereiztheit machen sich in der Riege breit. Wenn Sie sich in einer Position befinden, in der Sie führen und inspirieren müssen, gibt es immer eine Strömung, die Sie nicht kontrollieren können. Schwimmen Sie also mit dem Strom. Wasser kämpft nicht mit dem Felsen; es nimmt einen etwas anderen Lauf und bewegt sich weiter. Es fließt unbeirrt immer weiter seinem Ziel entgegen und mündet schließlich in den Ozean.

»Mit dem Strom schwimmen klingt gut, aber wo bleibe ich mit meinen Zielen?«

Sehen Sie das auch so?

Mit dem Strom schwimmen ist nicht dasselbe wie sich mitreißen lassen. Schätzen Sie die Richtung der Strömung ab und berücksichtigen Sie, wie schnell sie fließt. Und anstatt sich dagegen zu wehren, gehen Sie dann auf Ihre eigene, tief empfundene Weise darauf ein. Das bedeutet meiner Ansicht nach, mit dem Strom zu schwimmen.

Im Zen sprechen wir von einem flexiblen Geist. Man lehrt uns, nachgiebig und akzeptierend zu sein. Unerschütterliche Entschlossenheit mag nach außen hin stark und bewundernswert erscheinen, aber sie geht auch mit geistiger Instabilität und Starrheit einher.

Diese Tendenz führt zu einer Verengung der Perspektive; zu einer Verlangsamung des Handelns. Und ist es nicht genau das, was zu Stagnation führt?

Warum sich also nicht darin üben, eine flexible Geisteshaltung beizubehalten und wie das Wasser zu sein, das um den Fels herum fließt?

28

REDE NICHT NUR UM DES REDENS WILLEN.

Entscheide dich stattdessen für ein »herzliches Schweigen«.

In diesem Abschnitt möchte ich über die Gabe des Stillschweigens sprechen.

In Japan werden Menschen manchmal mit der Redewendung »So beredt wie geschickt« beschrieben. Das bezieht sich auf die Beherrschung der Sprache und des Handelns; auf jemanden, der taktvoll ist und keine Fehler macht. Man könnte einen solchen Menschen auch als weltgewandt beschreiben.

Die Fähigkeit, verbal gut zu kommunizieren, ist wichtig für den Aufbau von Beziehungen und für den Erfolg im Beruf. Menschen mit einer überzeugenden Rede in den Bann ziehen zu können, ist eine Komponente von Charisma. Und im Beruf kann die Art und Weise, wie Sie sprechen, über Ihren Erfolg oder Misserfolg entscheiden. So sehr, dass es Ihr Selbstvertrauen beeinträchtigen kann, wenn Sie kein guter Redner sind. Die Regale der Buchhandlungen sind voll von Titeln vor allem über öffentliches Reden.

Zen lehrt einen anderen Ansatz. Wir sagen: »Erleuchtung hängt nicht von Worten oder Schriften ab. Spirituelles Erwachen kann nur durch intuitives Begreifen erlangt werden.« Das, was am wichtigsten ist, lässt sich nicht in Buchstaben oder auf einer Buchseite vermitteln. Die Quintessenz der buddhistischen Lehre wird außerhalb von Schriften oder Predigten vermittelt.

Man könnte sogar sagen, dass dies ein grundlegendes Prinzip des Zen ist. Die Zen-Gärten, die ich gestalte, insbesondere die sogenannten trockenen Landschaftsgärten, bestehen hauptsächlich aus Steinen und weißem Sand oder Kies. Ich muss entscheiden, wie ich die Felsblöcke anordne, wie viele von ihnen verwendet werden, welche Art von Wellenmustern in den Kies geharkt werden.

Das sind natürlich wichtige Entscheidungen; aber ebenso wichtig bei der Gestaltung eines trockenen Landschaftsgartens ist, wo man Dinge weglässt – das heißt der leere Raum.

Die tiefe Stille und umfassende Ruhe, die man spürt, wenn man vor einem Zen-Garten steht, rührt von den Wechselwirkungen zwischen den Felsbrocken, dem Kies und dem leeren Raum her. Was die Gestaltung vermitteln muss, ist die diesem leeren Raum innewohnende Ausdruckskraft.

In der traditionellen japanischen Darstellungskunst des *Nō*-Theaters sind die stummen Pausen sehr bedeutsam. Das Publikum erkennt diese Bedeutung und hält während dieser stillen Momente den Atem an.

Ein weiteres Beispiel ist die humoristische Erzählkunst des *Rakugo*, in der eine Pause verlängert wird, um die Wirkung der Pointe zu verstärken.

Die Stille besitzt eine enorme Ausdruckskraft. Manchmal kann sie sogar mehr Gefühle oder tiefere Empfindungen vermitteln als Worte.

Wenn Sie in beruflichen Situationen die Vorzüge der Produkte Ihres Unternehmens erläutern, sollten Sie nicht nur glatt und fließend einen Sturzbach von Worten über die Zuhörer ergießen. Sie sollten auch bedenken, dass es vorteilhafter sein kann, einen guten Eindruck bei Ihren Kunden zu hinterlassen, indem sie genau zuhören, was sie brauchen, und auf ihre Bedürfnisse und Fragen eingehen.

In Verkaufsgesprächen wird dies oft nicht berücksichtigt, und Ihr Reden kommt dann unweigerlich als aggressive Verkaufstaktik rüber. Alles, was der Kunde zu hören bekommt, ist die übliche Litanei von Nutzen und Vorteilen. Er weiß, dass Sie ihm nicht zuhören. Und wenn er erst mal merkt, dass Sie ihm etwas andrehen wollen, werden Sie auch als noch so begabter Redner nicht mehr erfolgreich sein. Schönreden kratzt meiner Meinung nach nur die Oberfläche an.

Zuhören hingegen hat definitiv etwas für sich. Was vermittelt es? Zum einen eine gewisse Aufrichtigkeit. Echte Verkäufer, also diejenigen, die Ergebnisse erzielen, wissen, dass dies der bessere Weg ist.

Die Kunden spüren, dass ihnen aufmerksam zugehört wird und jemand sich mit ihren Wünschen und Bedürfnissen befasst. Und wenn sie das tun, entsteht oft eine Atmosphäre des Vertrauens. Die Kunden denken: »Ich glaube, was diese Person sagt« oder »Wenn sie es sagt, muss es wahr sein«, und sie wollen dann das kaufen, was Sie zu verkaufen haben. Mehr noch, sie wollen nur bei Ihnen etwas kaufen.

Dieses Vertrauensverhältnis ist nicht nur für den Verkauf wichtig. Vertrauen ist in jedem Job von größter Bedeutung. Als geschmeidiger Redner kommen Sie nicht weit, während ein herzliches Schweigen Vertrauen schafft. Also muss man sich gar nicht so sehr bemühen, der geschliffenste Redner zu sein, oder?

Es gibt eine Zen-Geschichte, die das Geschenk der Stille veranschaulicht. Vimalakīrti war ein tief erleuchteter buddhistischer Laie. In einem Dialog mit dem Bodhisattwa Monju[7], antwortete er auf dessen Frage nach der letztendlichen Wahrheit mit Schweigen. Dies ist bekannt als »Vimalakīrtis donnerndes Schweigen«.

Stille kann eine ebenso starke Wirkung haben wie rollender Donner.

Für diejenigen unter Ihnen, die sich vor dem Reden fürchten, gibt es also keinen Grund, sich Sorgen zu machen!

29

ADJUSTIERE DEINE ATMUNG.

Die Zen-Atmung, die Frustration und Sorgen abbaut.

Es gibt Zeiten, zu denen wir viel Energie haben, um uns den Herausforderungen bei der Arbeit stellen zu können, aber auch Zeiten, in denen wir uns erschöpft und unmotiviert fühlen.

Wir freuen uns, wenn wir erfolgreich sind, und beißen die Zähne zusammen, wenn wir von unserem Chef getadelt werden oder wenn etwas, das sich unserer Kontrolle entzieht, schiefläuft und uns wütend macht.

Diese mentalen Schwankungen wirken sich auch auf unser Verhalten aus. Sind unsere Emotionen zu stark, dann können sie zu einem Problem werden und bei unseren Mitmenschen etwa folgenden Eindruck hinterlassen: »Dieser Typ lässt sich zu leicht hinreißen. Es ist besser, ihn nicht zu ermutigen.«

»Bei ihr weiß man nie, woran man ist – sie kann ihre Launen haben. Also ist es am besten, das, was sie sagt, nicht ernst zu nehmen.«

Ein Zen-Spruch, »Der gewöhnliche Geist ist der Weg«, unterstreicht die Bedeutung des Kultivierens eines ruhigen und stillen Geistes. Er lehrt uns, die Intensität unserer Gefühle zu verringern. Der Weg dazu führt über die Atmung.

Im Zen sprechen wir von der Harmonisierung von Körperhaltung, Atmung und Geist. Wir beruhigen in dieser Reihenfolge zuerst unseren Körper, dann unsere Ein- und Ausatmung und schließlich unseren Geisteszustand.

Dies ist die Dreieinigkeit – jedes dieser Elemente ist eng verbunden mit den beiden anderen. Um also unsere Atmung adjustieren zu können, müssen wir zuerst unsere Körperhaltung regulieren. Wir regulieren unsere Haltung, als Nächstes unseren Atem, und dann wird auch unser Geist zur Ruhe kommen.

Wenn Sie spüren, wie Ihnen vor Wut Hitze in die Wangen steigt, nehmen Sie zuerst einen tiefen Atemzug. Dann richten Sie Ihre Aufmerksamkeit auf Ihr *Tanden* – das Energiezentrum in Ihrer Körpermitte etwa sieben oder acht Zentimeter unterhalb Ihres Nabels – und atmen vollständig aus, wobei Sie die gesamte Luft ausstoßen. Eine vollständige Ausatmung ist wichtig. Im japanischen Wort für Atmung, *Kokyu* (呼吸), steht das Zeichen für »ausatmen« vor dem Zeichen für »einatmen« – das Ausatmen kommt vor dem Einatmen. Sobald man vollständig ausgeatmet hat, folgt das Einatmen ganz natürlich und automatisch.

Um die Wiederholung dieser Art von Bauchatmung zu erleichtern, müssen Sie Ihre Wirbelsäule strecken und Ihre Haltung aufrichten. Sie können nicht aus dem Bauch atmen, wenn Sie sich nach vorne neigen oder eine gebückte Haltung einnehmen. Wenn Sie üben, aus dem Tanden zu atmen, wird der Zorn, der sich in Ihre Schultern eingeschlichen hat, nachlassen; die geistige Anspannung, die Sie erlebt haben, wird sich lösen, und plötzlich werden Sie sich entspannter fühlen.

Womöglich fällt es Ihnen jetzt leichter, mit Menschen umzugehen. Sie sind vielleicht etwas zurückhaltender und können die Dinge mit mehr Losgelöstheit betrachten. Womöglich erkennen Sie, wie töricht es ist, sich über jede Kleinigkeit aufzuregen.

Weiter oben habe ich mich auf Itabashi Zenji bezogen, und ich will ihn noch einmal zitieren: »Erlaube dem Zorn nicht, deinen Kopf zu erreichen.«

Wenn wir unsere Wut für uns behalten, sie in unserem Bauch zügeln, können wir unsere intensiven Emotionen kontrollieren. So vermeiden wir, Dinge zu sagen, die wir nicht sagen sollten – und früher oder später wird sich der Zorn auf natürliche Weise verflüchtigen.

Itabashi Zenji soll auch immer wieder zu sich selbst gesagt haben: »Danke, mein Herr, danke sehr, herzlichen Dank« – als eine Art Gegenmaßnahme gegen den Zorn. Sieht das nicht wie eine perfekte Methode aus, einen ruhigen Geist zu bewahren?

Es ist gut für uns alle, ein Mantra oder eine Anrufung zur Verfügung zu haben – was auch immer am besten für Sie funktioniert –, ein Lieblingswort oder einen Spruch oder etwas, das Sie tröstet oder beruhigt. Natürlich können Sie auch das genannte Zengo »Der gewöhnliche Geist ist der Weg« rezitieren.

So etwas ist nicht nur für den Umgang mit Zorn geeignet. Sie können Ihre Atmung und ein Mantra auch für positive Emotionen verwenden, bei glücklichen Anlässen oder wann immer Ihre Gefühle aufgewühlt sind. Es ist wichtig, auch den Ausdruck von Freude zu regulieren – übermäßige Erregung wird nur zu einem Stirnrunzeln bei den Leuten führen.

Da fällt mir ein, dass es da noch ein anderes Sprichwort gibt: »Erinnere dich im Sieg an deine Bescheidenheit und in der Niederlage an deinen Kampfgeist.«

Versuchen wir also, einen ruhigen und gelassenen Geist zu kultivieren.

30

ÄNDERE DIE »LUFT« IN DEINER WOHNUNG.

Tue dies als Erstes, sobald du morgens aufwachst.

Ich glaube, es gibt mehrere Voraussetzungen für die Förderung eines Gefühls von Frieden und Ruhe in Ihrem Leben. Eine davon ist »ein eigener Raum«. Haben Sie einen Raum, den Sie Ihr Eigen nennen können?

Für diejenigen von uns, die arbeiten, ist es vielleicht der Arbeitsplatz, der sich wie ein eigener Raum anfühlt. Aber meine Vorstellung davon ist noch etwas differenzierter. Die meisten Arbeitsplätze sind hektisch, entnervend, emotional aufgeladen und nervenaufreibend – kaum die Art von Raum, in dem man sich wohlfühlen würde. Das ist kein Wunder, denn es geht im Geschäft um den Wettbewerb mit Menschen innerhalb und außerhalb des Unternehmens.

Hinzu kommt, dass man angesichts von Stellenabbau, Entlassungen und der Arbeit im Homeoffice nie weiß, wann man diesen Raum verliert.

Für diejenigen von uns, die viel Zeit zu Hause verbringen, wenn sie nicht arbeiten, ist ihr Zuhause auch nicht unbedingt ein friedlicher Ort. Es ist oft schwierig, schöne Stunden mit der Familie zu verbringen, und viele Familienmitglieder kommen kaum miteinander ins Gespräch, weil jeder, oft schon allein was die Mahlzeiten angeht, sein eigenes Ding macht.

Für manche Menschen ist die Kneipe oder das Restaurant, in das sie gehen, um auf dem Heimweg von der Arbeit einen Drink zu nehmen oder einen Happen zu essen, ihr Raum.

Ich kann das verstehen. Aber selbst wenn diejenigen eine gewisse Freude daran haben, ist es auch ein bisschen traurig.

Im Zen gibt es ein Sprichwort: »Kehre nach Hause zurück und sitze in Ruhe.«

Einfach ausgedrückt bedeutet dies, dass das Refugium, das Sie bewohnen, wenn Sie nach Hause gehen und es sich gemütlich machen, dazu beitragen wird, Ihren Geist zu beruhigen. Im Sinne des Zen bezieht sich das »Zuhause« auf die Buddha-Natur, die uns allen innewohnt – dort können wir unser wahres Selbst sein. Anders ausgedrückt steht die Rückkehr in unser Zuhause für die Freude an der Entdeckung unserer Buddha-Natur.

Das ist es, was ein Zuhause wirklich sein sollte – der Ort, an dem Sie sich am wohlsten fühlen.

Vielleicht müssen Sie Ihr Zuhause neu einrichten, um es damit in Einklang zu bringen? Vielleicht denken Sie hier an eine Art Renovierung, aber da die Praxis eine der Grundlagen des Zen ist, geht es in Wirklichkeit mehr darum, Ihre Beziehung zu diesem Raum zu verändern.

Begrüßen Sie Ihre Familienmitglieder freundlich, wenn Sie morgens aufwachen, und geben Sie Ihrer Dankbarkeit ihnen gegenüber Ausdruck. Zuerst wird man sich vielleicht verwirrt fragen, was über Sie gekommen ist. Aber nach einer Woche oder zehn Tagen wird der neue Raum, den Sie schaffen, sicherlich auf Wertschätzung stoßen.

Es gibt eine Anekdote über den chinesischen Zenmeister Baizhang Huaihai (jap.: Hyakujō Ekai), dem die Einführung der Regeln für das tägliche Leben in den Zen-Klöstern, der sogenannten Baizhang Qinggui (jap.: Hyakujoō Shingi), zugeschrieben wird.

Ein Mönch fragte Hyakujō Zenji einmal: »Was ist das Wundervollste auf dieser Welt?«

Hyakujō Zenji antwortete: »Ich sitze allein auf diesem großen erhabenen Gipfel.«

Er meinte damit, dass das Sitzen in Zazen das sei, wofür er am dankbarsten war. Und der große erhabene Gipfel war das Kloster, dessen Abt Hyakujō Zenji war. Für Zen-Mönche ist das Kloster ihr Zuhause. Es schenkt ihnen große Sicherheit, und es gibt nichts, wofür sie dankbarer sind. Man könnte sagen, dies liege daran, dass sie erleuchtet sind.

Das Zuhause ist also ein Ort großer Sicherheit. Und das wird mit jedem vergangenen Jahrzehnt deutlicher. Denken Sie daran, wenn Sie Ihre Karriere beenden. Sie werden die meiste Zeit des Tages zu Hause verbringen.

Wenn dieses Zuhause ein friedlicher Ort und die Atmosphäre dort erfrischend ist, dann wird Ihr Leben diese Eigenschaften annehmen.

Fangen Sie also bitte an, das Fundament für Ihr Hier und Jetzt zu legen.

Ich sage es noch einmal: Das Wesentliche am Zen ist die Praxis.

TEIL VIER

Überraschende Tipps für die Verbesserung von Beziehungen.

Wie man gute Beziehungen herstellt und die schlechten loslässt.

31

PFLEGE DEINE BEZIEHUNGEN.

Es ist kein Zufall, dass du diese Menschen kennengelernt hast.

Was glauben Sie, wie vielen Menschen Sie im Laufe Ihres Lebens begegnen werden? Es wird sie in allen Formen und Größen geben. Und sie werden je nach Kontext variieren – familiär, schulisch, regional, beruflich und so weiter.

Dennoch ist die Zahl der Menschen, denen wir begegnen werden, in einer Welt mit einer Bevölkerung von acht Milliarden Menschen, äußerst begrenzt. Und doch ist es fast ein Wunder, dass wir unter den acht Milliarden gerade diesen Menschen begegnen.

Hatten Sie schon einmal eine Begegnung, die Sie als ein Wunder betrachten? Sie denken vielleicht, dass der Zufall bestimmt, wen Sie treffen. Aber wenn Sie jemandem begegnen, ist eine Verbindung im Spiel. Im Buddhismus bezeichnen wir diese Verbindungen als *Innen*[8], und sie gelten als äußerst wichtig. Unter der Vielzahl von Menschen, die im Laufe eines Lebens kommen und gehen, sind diejenigen, mit denen man eine Verbindung eingeht, etwas Besonderes. Das liegt an Innen, dem Zusammentreffen des Karma der direkten inneren Ursache *(In)* mit dem Karma der indirekten äußeren Bedingungen *(Nen)*.

Wenn der Frühling kommt, gehen die Blüten auf. Aber nicht alle Blüten blühen zur gleichen Zeit, nicht einmal am selben Baum. Nur die bereits angeschwollenen Knospen fangen die warme Frühlingsbrise auf und kommen so zur Blüte.

Auch wenn der Frühlingswind gleichermaßen über alle Knospen weht, werden die Knospen, die noch fest geschlossen sind, ihn nicht einfangen und aufblühen. Alles, was sie tun können, ist, auf dem Zweig zu sitzen, während der Wind über sie hinwegweht. Um die Wirkung (in diesem Fall das Aufblühen) zu erzeugen, muss die Ursache (das heißt das Anschwellen der Knospen) die richtigen Bedingungen vorfinden, um den Frühlingswind nutzen und eine Verbindung eingehen zu können.

Alles in der Welt geschieht nach dieser karmischen Verbindung des Innen. Das Konzept dieser zwei Arten von Karma ist eine der philosophischen Grundlagen des Buddhismus.

Wenn wir unsere Begegnungen mit anderen Menschen in diesem Sinne wahrnehmen, dann ergeben sie sich wahrscheinlich nicht zufällig – weil es gar keine Zufallsbegebenheiten gibt; all diese Wunder sind ein Geschenk des Buddha selbst.

Und wenn dem so ist, dann dürfen wir unsere Begegnungen nicht auf die leichte Schulter nehmen. Wir sollten unsere Verbindungen zu den Menschen, denen wir begegnen, mit Dankbarkeit annehmen.

Im Zen sprechen wir vom Einfluss derer, die in unser Leben treten. Alles wird durch diese Begegnungen erzeugt. Und so müssen wir die Menschen, die wir treffen, die Orte, an denen wir sie treffen, und die Formen, die diese Begegnungen annehmen, wertschätzen.

In der Teezeremonie, die tief mit dem Zen verbunden ist, gibt es das Sprichwort »Ein Moment, eine Begegnung« (*Ichi-go ichi-e*, 一期一会).

Dies ist ein wohl auch außerhalb Japans bekanntes Sprichwort. Mann kann es als »einmal im Leben« übersetzen. Es bedeutet, dass man jede Begegnung wertschätzen sollte, weil man diese Person vielleicht nie wieder trifft und dies womöglich die einzige Chance ist, mit ihr zusammen zu sein. Also machen Sie das Beste aus der gemeinsamen Zeit.

Wenn Sie sich diese Einstellung zu eigen machen, werden Sie jede Begegnung zu schätzen wissen – mit Dankbarkeit für jede einzelne.

»Wie wunderbar, diese Menschen kennengelernt zu haben.«

»Wie dankbar ich bin, dass sich meine Wege mit den ihren gekreuzt haben.«

Auf diese Weise können Sie viel tiefere Beziehungen zu den Menschen knüpfen, die in Ihr Leben treten.

32

STELLE GUTE BEZIEHUNGEN HER.

Wie Sie eine Aufwärtsspirale von guten Menschen in Ihrem Leben herstellen können.

Knüpfen Sie gute Beziehungen?

Oder knüpfen Sie am Ende schlechte?

Wir alle werden im Besitz reiner Schönheit geboren, mit einem Herzen, das wie ein Spiegel glänzt. Wie ich bereits gesagt habe, lehrt der Buddhismus: »Alle Lebewesen ohne Ausnahme besitzen die Buddha-Natur.« Ein neugeborenes Baby hat kein Eigeninteresse, keine Anhaftungen, keine Illusionen.

Aber dann sind wir verschiedenen Menschen und Umständen ausgesetzt, und während wir Erfahrungen ansammeln, wird unser Geist getrübt. Die Art und Weise, wie wir Beziehungen zu Menschen aufbauen, hat einen enormen Einfluss auf uns.

Menschen sind durch ihre Beziehungen miteinander verbunden.

Sobald Sie eine gute Beziehung hergestellt haben, wird diese zum Bindeglied zu der nächsten guten Beziehung, die wiederum weitere gute Verbindungen anzieht.

Wenn Sie zum Beispiel eine Beziehung zu jemandem aufbauen, lernen Sie durch diesen Menschen womöglich eine wirklich wundervolle andere Person kennen, die Sie dann wiederum einer weiteren Person vorstellt, mit der Sie eine gute Beziehung herstellen können.

Das kann zu einem sich positiv verstärkenden Kreislauf werden, der für Sie von Vorteil ist, denn diese persönlichen Beziehungen dienen dazu, Ihr Netzwerk an guten Kontakten auszubauen.

Wenn Sie hingegen eine schlechte Beziehung herstellen, kann das komplette Gegenteil passieren. Sie können einen Kreislauf schlechter Verbindungen erzeugen – und ehe Sie sichs versehen, ist Ihr Leben ein Fiasko.

Um gute Beziehungen knüpfen zu können, ist Vorbereitung nötig. Aber welche Art von Vorbereitung?

Eine Sache, die Sie tun können, ist, so engagiert wie möglich zu sein; ganz gleich, was Sie gerade tun. Falls Ihnen das zu simpel klingt, wird es Sie überraschen festzustellen, wie viel Mühe es kostet, engagiert zu bleiben.

Es liegt in der Natur des Menschen, dass er den Weg des geringsten Widerstands sucht. Sobald man anfängt, ein wenig nachzulassen, gerät man auf eine rutschige Bahn und es kann einem zur Gewohnheit werden, bei allem, was man tut, eine Abkürzung zu suchen.

Schon bald werden die Leute sagen: »Dieser Typ – er vermasselt einfach alles, was man ihm aufträgt.«

Und wenn Sie erst einmal als Chaot angesehen werden, wird niemand mehr sein persönliches Netzwerk für Sie öffnen. Ganz gleich, wie sehr Sie sich auch bemühen, gute Kontakte zu knüpfen: Diese werden schwer zu finden sein und Sie werden es nicht vermeiden können, weitere schlechte Beziehungen zu knüpfen.

Wenn Sie so in schlechte Gesellschaft geraten, werden Sie spüren, wie sich Ihr Geist trübt. Sie werden an Stabilität verlieren, Sie werden von Unruhe, Sorgen und Furcht heimgesucht.

Ein Zengo sagt: »Jeder Schritt ist eine Gelegenheit zum Lernen.«

Das ist einer meiner Lieblingssprüche – die Idee, dass es, ganz gleich, wohin wir gehen, dort etwas zu lernen gibt, und dass alles, was auch immer wir tun, eine Übung sein kann.

Zen lehrt, dass alles Disziplin erfordert und wir deshalb dem Essen, Putzen, ja sogar dem Waschen unseres Gesichts die gleiche Art von Aufmerksamkeit schenken müssen wie dem Üben von Zazen.

Würden Sie dies auf Ihre Arbeit anwenden, wäre es inakzeptabel, wenn Sie nur bei großen Projekten alles geben wollten, um sich dann bei kleineren Projekten abzumelden. Genau das führt zu schlechten Beziehungen.

Sie müssen Ihr Bestes bei jeder Arbeit geben, die Sie vor sich haben. Wenn Sie das tun, werden Sie auf natürliche Weise gute Beziehungen aufbauen. Andere Leute werden auf Sie aufmerksam, wenn Sie gewissenhaft an einem Projekt arbeiten, das vielleicht unterbewertet oder vernachlässigt wird.

Schon bald wird Ihre Vorgesetzte Sie vielleicht bitten, in ihrem Team an einem bevorstehenden Projekt mitzuarbeiten. Dies wird Ihre Beziehung zu ihr vertiefen, und ein Kreislauf von guten Beziehungen beginnt.

33

GIB ANDEREN MENSCHEN NACH.

Eines der besten Beziehungsgeheimnisse ist »Nach Ihnen«.

Meine Arbeit als Gartengestalter führt mich oft in andere Länder; und dabei fällt mir immer wieder auf, dass jedes Land wirklich seinen eigenen nationalen Charakter hat.

In China zum Beispiel scheint fast niemand anderen Autos auf der Straße die Vorfahrt zu gewähren. Und wenn jemand auf eine Fahrspur will, fährt er einfach los und drängt sich irgendwie in die Schlange. Auf den Straßen herrscht das Gefühl eines Schlachtfelds. Man hat den Eindruck, dass jeder ständig versucht, sich durchzusetzen – und in China ist das vielleicht genau das Richtige. Man könnte sagen, der nationale Charakter passt zu den Anforderungen der Kultur.

In Japan hingegen würden Ihre Arbeit und Ihre Beziehungen darunter leiden, wenn Sie sich selbst ständig in den Vordergrund stellen wollten. Durchsetzungsvermögen ist eine Sache, aber selbstgerechte Aggression macht es schwierig, die Unterstützung der Menschen um einen herum zu gewinnen.

»Dieser Typ ist nie zufrieden, wenn er nicht das Sagen hat; also soll er seinen Kram doch selber machen.«

Das kann dazu führen, dass sich die Leute genau dann von Ihnen abwenden, wenn Sie Kooperation und Zusammenarbeit benötigen.

Ich denke, die beste Position ist die der Nummer zwei, in der man die Möglichkeit hat zu sagen: »Nach Ihnen.« Die Person, die vorangeht, ist dann vorerst aus dem Weg, und Ihnen steht es frei, sich auf die Verbesserung Ihrer Fähigkeiten zu konzentrieren oder sich in Ihrer Arbeitsumgebung mehr Wissen, neue Fähigkeiten oder einfaches Know-how anzueignen.

In der starken zweiten Position sind auch Sie in den Vordergrund gerückt, aber ohne sich bewegt zu haben. Im Gegensatz zu denen, die sich selbst an die erste Stelle setzen, ist es hier weniger wahrscheinlich, dass Sie ausgebremst werden, sobald Sie sich an vorderster Front befinden.

Stattdessen werden Sie feststellen, dass es anderen Menschen gefällt, Ihnen zu helfen. Ehe Sie sichs versehen, haben Sie Führungsqualitäten erlangt; auch wenn Sie immer noch auf dem zweiten Platz des »Nach Ihnen« stehen.

In Situationen außerhalb Ihrer Arbeit hellt die »Nach Ihnen«-Mentalität die Dinge um Sie herum auf und macht andere glücklich. Wenn jemand in der überfüllten U-Bahn versucht, den gleichen Sitzplatz zu ergattern wie Sie und keiner von Ihnen beiden nachgibt, wird die Atmosphäre angespannt und unruhig. Aber wenn Sie sagen: »Nur zu«, ernten Sie ein Dankeschön und ein dankbares Lächeln.

Oder wenn Sie mit Freunden etwas trinken oder essen gehen und Sie, anstatt sich selbst zu bedienen, sagen: »Nach dir«, werden Sie sich den Ruf erwerben, freundlich und zuvorkommend zu sein.

Die meisten Menschen sind froh, wenn sie die Gelegenheit bekommen voranzugehen, und es macht einen guten Eindruck, wenn Sie nicht um die führende Position rangeln. Sie strahlen Leichtigkeit und Zuversicht aus; was könnte attraktiver sein?

Es gibt einen Zenspruch: »Sanftes Gesicht, liebevolle Worte.«

Über freundliche Worte habe ich bereits in Kapitel 21 gesprochen; ein sanftes Gesicht ist etwas anderes. Der Satz stammt aus der buddhistischen Schrift mit dem Titel *Sutra des Unermesslichen Lebens*. Dieses Sutra lehrt uns, anderen mit einem ruhigen Lächeln und rücksichtsvollen Äußerungen zu begegnen.

Ein ruhiges Lächeln und rücksichtsvolle Äußerungen gehören beide zu den »Sieben spirituellen Gaben« (Sanskrit: *Dāna*)[9]. Wenn wir »Sanftes Gesicht, liebevolle Worte« in die Praxis umsetzen – sowohl mit dem ersten (ruhiges Lächeln) als auch mit dem zweiten (rücksichtsvolle Äußerungen), dann geben wir zwei der sieben geistigen Dāna auf einmal.

Anderen mit den Worten »Nach Ihnen« nachzugeben veranschaulicht die Praxis von »Sanftes Gesicht, liebevolle Worte«. Indem wir »Sanftes Gesicht, liebevolle Worte« jeden Tag in die Praxis umsetzen, können wir unsere Umgebung erhellen, Freude verbreiten und unser Gefühl von Leichtigkeit vertiefen. Es ist fast zu schön, um wahr zu sein.

Das Leben ist eine Ansammlung von Tagen. Jeden Tag noch etwas mehr Leichtigkeit zu finden ist ein wichtiger Schritt zu einem erfüllten Leben.

Ich möchte Ihnen sehr empfehlen, »Nach Ihnen« zu Ihren Leitprinzipien hinzuzufügen.

34

VERSTEIFE DICH NICHT AUF »LOGIK«.

Es ist für jedermann wichtig, das Gesicht zu wahren.

Ich höre viele Menschen sagen, dass sie ihre Beziehungen auf unerwartete Weise verpfuschen. Was meinen sie damit?

Betrachten wir zunächst die Idee einer Win-win-Situation – die für alle von Vorteil ist. Ich weiß nicht genau, seit wann dieser Begriff verwendet wird, aber er scheint durch die Arbeit von Stephen R. Covey, dem bekannten Autor von *Die sieben Wege zur Effektivität*, populär geworden zu sein.

Diese Idee ist verwandt mit einem möglicherweise sehr japanischen Konzept, nämlich dem des Gesichtwahrens. Wir tun gut daran, uns das vor Augen zu halten – sowohl in geschäftlichen als auch in persönlichen Beziehungen. Wenn Sie dazu neigen, darauf zu beharren, dass Sie recht haben, und sich weigern, auf andere zu hören, wird es nicht lange dauern, bis Ihre Beziehungen sich verschlechtern und alles auseinanderfällt.

»Du verstehst nicht – du irrst dich. Es ist vielmehr so ...«

Wenn Sie so oder ähnlich glauben, dass die Logik unbestreitbar auf Ihrer Seite ist, oder anderen Ihre Meinung aufzwingen, werden Sie sich niemals Freunde machen. Denn wenn Sie ein Argument rechtfertigen, indem Sie sagen, es sei die »logische« Position, stellen

Sie sich automatisch auf eine höhere Ebene als die Person, mit der Sie sprechen. Das ist nicht förderlich für eine vertrauensvolle und verständnisvolle Beziehung.

Erstaunlicherweise gibt es aber viele Menschen, die so handeln. Wer dies liest und sich sagt: »Jetzt, wo er es erwähnt, frage ich mich, ob ich vielleicht immer darauf bestehe, recht zu haben oder dass alles nur auf meine Weise zu verstehen ist«, der sollte seine Haltung einmal überdenken.

Möglicherweise verpfuschen Sie Ihre Beziehungen auf eine Weise, die Ihnen nicht bewusst ist, und riskieren ein Verhalten, das Sie irgendwann zutiefst bedauern werden.

Überall gibt es Menschen, die von ihrer eigenen Meinung total überzeugt sind und glauben, dass sie recht haben. Dabei ist es unreif, andere Meinungen oder Ideen einfach abzuschmettern. Nur wenn wir akzeptieren, dass die Meinungen anderer berechtigt sind, auch wenn wir nicht mit ihnen übereinstimmen, können wir jemanden unsere großzügige Geisteshaltung spüren lassen. Dies wird unsere Position stärken. Es ermöglicht allen, das Gesicht zu wahren, und vermeidet unnötige Reibungen.

So etwas wie eine unfehlbare Idee oder Meinung gibt es nicht. Es gibt viele Arten, die Dinge zu sehen. Mir fallen viele Fälle ein, in denen mir die Unzulänglichkeit meines eigenen Denkens erst so richtig klar wurde, als ich die Ideen und Meinungen anderer akzeptiert hatte.

Jemandem zu ermöglichen, sein Gesicht zu wahren, bedeutet nicht, dass man seinen eigenen Standpunkt aufgeben oder sich verbiegen muss. Im Gegenteil: Die Weisheit, jedem Menschen zuzugestehen, sein Gesicht zu wahren, besteht darin, dass dadurch *Ihnen* ermöglicht wird, Ihr eigenes Denken zu erweitern und zu vertiefen sowie Beziehungen zu fördern, Ergebnisse bei der Arbeit zu erzielen und persönliche Entwicklung zu unterstützen.

Wenn Sie jemandem ermöglichen, sein Gesicht zu wahren, geben Sie ihm Gelegenheit, Ihre Meinung seinerseits in gutem Glauben zu betrachten; was die Bereitschaft, über die wahren Gefühle zu sprechen, auf beiden Seiten fördert. Jede Seite kann etwas von der anderen lernen – was ein positives Umfeld schafft und die Beziehung stärkt.

Das Einzige, was man gewinnt, wenn man stets das letzte Wort behält, ist ein schales Gefühl des Triumphs.

Würden Sie dem den Vorzug geben gegenüber einer Beziehung, die auf freundschaftlichem Wettbewerb basiert, bei dem jeder sein Gesicht wahren kann? Ich glaube, Sie kennen die Antwort bereits.

35

NIMM DIR JEDEN TAG ZEHN MINUTEN ZEIT FÜR DIE NATUR.

Finde den Moment, in dem dein Geist plötzlich befreit wird.

»Es gibt so viele Dinge zu tun. Der Tag vergeht in Windeseile.«

Die Menschen leben ihr Leben in einem schrecklich schnellen Tempo, und alles ist überladen. Unser Gehirn ist praktisch in jedem wachen Moment in Alarmbereitschaft. Ich habe den Eindruck, dass unsere Intuition und Sensibilität deutlich weniger stimuliert werden.

Dabei sind diese beiden Faktoren das entscheidende Band, das die Menschen aneinander bindet; nicht Wissen und Bildung. Vielleicht liegt es an der Schnelllebigkeit unseres Alltags, dass Intuition und Sensibilität so abgestumpft sind – was wiederum zu verqueren oder geschwächten Beziehungen führt.

Ich glaube, es ist notwendig, den denkenden Teil unseres Gehirns ruhen zu lassen, wenn wir unsere Intuition und Sensibilität einsetzen. Ich bin kein Neurowissenschaftler, aber offenbar wird der Neurotransmitter Serotonin im Gehirn freigesetzt, sobald wir aufhören zu denken. Das entspannt uns und vertieft wiederum unsere Intuition und Sensibilität.

Das ist genau das, was Sie erleben, wenn Sie Zazen praktizieren. Aber ich weiß, dass es schwierig sein kann, einmal am Tag Zazen zu üben. Deshalb möchte ich Ihnen empfehlen, sich Zeit zum Erleben der Natur zu gönnen.

»Das ist ja schön und gut, aber ich lebe in der Stadt, wo es nicht so leicht ist, die Natur zu genießen.«

Das mag sein. Städte sind keine Orte, an denen man vor die Tür treten und sofort in der Natur sein kann. Aber man kann die Natur dennoch in kleinem Rahmen erleben.

Öffnen Sie morgens ein Fenster, oder, wenn Ihre Wohnung einen Balkon hat, treten Sie einfach hinaus und lauschen dem Wind oder dem Zwitschern der Vögel. Sie könnten auch in einen Park in der Nähe gehen, um zu sehen, welche Bäume und Blumen gerade blühen. Oder schauen Sie nachts aus dem Fenster, um den Wechsel der Jahreszeiten und die Phasen des Mondes zu beobachten.

Das muss nicht unbedingt viel Zeit in Anspruch nehmen. Lassen Sie Ihren Geist für die Zeit, die Sie haben, leerlaufen, während Sie die Natur erfahren. Nutzen Sie diese Zeit, um Ihre Intuition zu vertiefen und Ihre Sensibilität wiederzuerlangen.

Ein Zengo sagt: »Wenn du eine Blume siehst, genieße die Blume, und wenn du den Mond siehst, genieße den Mond.«

Dies bedeutet, dass jede Begegnung mit der Natur voll und ganz erlebt werden sollte.

Mit anderen Worten: Machen Sie sich keine Gedanken über unnötige Dinge; lassen Sie Ihren Geist einfach schweifen, und überantworten Sie Ihren Körper und Ihre Seele der Natur.

Wenn Sie das Gefühl haben, dass Sie morgens zu viel zu tun haben, oder wenn kein Park in der Nähe ist oder Sie nachts keine Zeit haben, den Mond zu betrachten: Wie wäre es, wenn Sie für zehn oder fünfzehn Minuten eine Pause bei der Arbeit einlegten, um auf das Dach des Gebäudes zu gehen und die Abendsonne oder das Grün in dem Park dort unten zu betrachten?

»Die Sonne geht jeden Tag ein bisschen früher unter.«

»Ah, die Blätter der Ginkgobäume fangen an, sich zu färben.«

Diese Gedanken werden Ihnen plötzlich kommen, weil Sie mit der Natur im Einklang sind. Und wenn Sie allmählich beginnen, Intuition und Sensibilität zu vertiefen, wird Ihr Geist befreit sein von den Ärgernissen und Problemen der täglichen Interaktionen.

Hören wir also auf, unseren Verstand zu benutzen, und schärfen wir Intuition und Sensibilität.

36

MACH DIE MENSCHEN NEUGIERIG DARAUF, DICH WIEDERZUSEHEN.

Der Zen-Weg zur Kultivierung von Charisma.

Es gibt ein wichtiges Prinzip für soziale Beziehungen. Der Schlüssel ist das chinesische Schriftzeichen 恕 (*Jo*, wörtl.: entschuldigen, tolerieren, vergeben).

Viele von uns haben das Gefühl, dass ihre Beziehungen angespannt sind oder dass sie nicht gut im Umgang mit Menschen sind.

Aber die soziale Interaktion ist ein wichtiger Teil von so vielem in unserem Leben. Wenn Sie sich zum Beispiel in einer Arbeitssituation sagen: »Ach, es ist so lästig, sich mit diesem Kunden zu treffen«, wird die Beziehung auf keinen Fall produktiv sein. Oder wenn der bloße Gedanke an die Teilnahme an einer Versammlung Ihres Nachbarschaftsvereins Sie deprimiert, weil Sie es schwierig finden, mit anderen in Kontakt zu treten, dann werden Sie das Leben in dieser Gemeinschaft nicht genießen können.

Dies sind die Nachteile einer Abneigung gegen soziale Kontakte. Und wenn Sie sich dieser Abneigung bewusst werden, kann das Ihren psychischen Stress noch vergrößern.

»Aber dagegen kann man nicht viel tun, nicht wahr?«

Ist das Ihre Meinung?

Meiner Meinung nach ist der Ausweg aus dieser Zwickmühle gar nicht so schwierig.

Wichtig ist das bereits erwähnte chinesische Schriftzeichen 恕 (Jo). Es taucht im *Lunyu*, den bereits erwähnten *Gesprächen* des Konfuzius auf; und zwar in einem Dialog zwischen Konfuzius und Zigong, einem seiner Schüler. Dieser fragte den Meister, was die wichtigste Praxis sei, die man sein ganzes Leben lang aufrechterhalten sollte. Konfuzius antwortete: »Wie wäre es mit 恕?« Die Definition von 恕 ist sehr umstritten – manche sagen, es bedeute Gegenseitigkeit oder Mitgefühl oder vielleicht sogar Vergebung.[10] An anderer Stelle wird der Grundsatz der Gegenseitigkeit, ebenfalls in einem Gespräch zwischen Konfuzius und Zigong, explizit formuliert: »Was du nicht willst, das man dir tu, das füg auch keinem andern zu.«

Kommt Ihnen das bekannt vor? Dies ist der Geist von 恕.

Es ist ein Prinzip der sozialen Beziehungen, und es ist die Essenz der Gegenseitigkeit. Wenn Sie nur diese einfache Regel befolgen, werden Sie feststellen, dass sich Ihre sozialen Fähigkeiten verbessern.

»Es macht mich wütend, wenn jemand zu spät kommt.«

»Die Arroganz dieses Typen ist wirklich unausstehlich.«

»Sie wird schnell laut, sodass ich ihr nicht wirklich sagen kann, was ich sagen will.«

Ich gehe davon aus, dass es eine Reihe von Dingen gibt, die Sie bei anderen nicht mögen. Nehmen Sie sich vor, diese Dinge selbst zu unterlassen, so werden Sie viele positive Veränderungen feststellen.

Wenn Sie immer pünktlich zu Besprechungen erscheinen, werden andere Sie als zuverlässig betrachten; wenn Sie sich bemühen, höflich und zuvorkommend zu sein, werden andere spüren, dass sie Ihnen wichtig sind. Eine ruhige Art zu sprechen fördert das Gefühl der Verbundenheit mit anderen.

Verlässlichkeit, das Gefühl, für andere wichtig zu sein, Glück und Zufriedenheit, Verbundenheit – all das wird sich positiv auf Ihre Beziehungen zu anderen auswirken. Und Ihre soziale Abneigung wird bald überwunden sein.

Als einen weiteren Schritt können Sie proaktiv das für andere tun, was Sie glücklich macht, wenn andere es für Sie tun – Dinge, die Sie erfreuen und für die Sie dankbar sind.

Vielleicht haben Sie zum Beispiel einmal bei einem Kunden vorbeigeschaut und erinnern sich mit Freude daran, wie freundlich man sich bei Ihnen bedankt hat. Oder Sie sind jemandem dankbar, der immer prompt antwortet, wenn Sie ihm eine E-Mail schicken. Oder Ihnen entgeht nicht, dass ein Kollege immer Kaffee für alle mitbringt. Sie könnten versuchen, einige dieser freundlichen Gesten, die Ihnen zuteilgeworden sind, anderen entgegenzubringen.

Wir können gut daran tun, immer wieder die goldene Regel der Konfuzianer zu beherzigen: »Was du nicht willst, das man dir tu, das füg auch keinem andern zu.«

Wenn Sie dies in die Praxis umsetzen, werden Sie feststellen, dass Sie Charisma zu entwickeln beginnen und die Menschen Sie gerne kennenlernen wollen.

Dōgen Zenji lehrte ein ähnliches Konzept, das er als *Doji* bezeichnete; das »Eins sein mit allen Dingen«. Er sagte, wir sollten uns an den Zustand der anderen anpassen: Wenn sie freudig oder traurig sind, sollten auch wir diese Dinge fühlen – ganz im Sinne des konfuzianischen Konzepts der Gegenseitigkeit.

Spüren Sie immer noch die gleiche Abneigung gegen soziale Kontakte?

37

GESTEHE FEHLER UMGEHEND EIN.

Nicht nur in Worten, sondern bemühe dich, dies auch emotional zu vermitteln.

Was für eine Geschichte haben Sie mit Ihren Freunden? Im Laufe einer langen Freundschaft kommt es zwangsläufig zu Missverständnissen oder Dingen, die falsch aufgenommen werden. Und das kann zu manchem Zerwürfnis führen.

Es würde mich wundern, wenn es beste Freunde gäbe, die sich noch nie gestritten haben. Es kommt darauf an, wie man damit umgeht; wie man sich versöhnt. Wenn man nachlässig ist, kann man die Bindung, die man sich hart erarbeitet hat, zerstören.

Es wäre doch jammerschade, wenn ein Missverständnis oder eine unbeholfene Entschuldigung eine echte Verbindung zerstören würde. Es ist wahrscheinlich keine Übertreibung zu sagen, dass Ihr Leben ohne diese Verbindung viel weniger funkeln und glitzern würde.

»Zögere nicht, dein Unrecht wiedergutzumachen.«

Dies ist ein berühmtes Sprichwort, wiederum aus den *Gesprächen* des Konfuzius. Es in die Praxis umzusetzen kann allerdings schwierig sein. Selbst wenn man erkennt, dass man etwas getan hat, was ein Problem verursacht hat, zögert man aus irgendeinem Grund, sich zu entschuldigen. Ist es wirklich so schwer, einem guten Freund gegenüber sein Bedauern auszudrücken?

In den *Gesprächen* heißt es dazu auch: »Irren und sich nicht ändern, das ist es, was Irren bedeutet.«

Einen Fehler machen und sich nicht entschuldigen - das ist selbst ein Fehler. Während Sie mit der Frage ringen, ob oder wie Sie sich entschuldigen sollen, wird die Situation nur noch komplizierter, und Sie riskieren, die Beziehung nicht wiederherstellen zu können.

Eine Entschuldigung sollte immer sofort erfolgen. Je länger Sie damit warten, desto schwieriger wird es, etwas zu tun.

Aber selbst wenn Sie sich sofort entschuldigten, ohne jedoch einen Versuch der Aussöhnung zu machen, wird die Lage mit der Zeit nur noch schwieriger. Es ist nicht schwer, sich vorzustellen, wie die andere Person sich in so einem Fall fühlt.

Aus einem »Wenn er sich sofort entschuldigt, kommt es mir so vor, als meinte er es nicht wirklich« wird schnell: »Was ist nur los mit diesem Kerl? Ich frage mich, ob er überhaupt merkt, dass er mich verletzt hat«, und dann womöglich: »Vielleicht ist das die Art von Mensch, die er ist. Das hätte ich nie gedacht«, und schließlich: »Was für ein Idiot! Ich kann nicht glauben, dass ich so lange mit ihm befreundet war!«

Genauso wichtig ist es, dass die Entschuldigung persönlich erfolgt.

Im Zen haben wir das Wort *Menju*, das »von Angesicht zu Angesicht« bedeutet. Es bezieht sich auf eine persönliche Begegnung von Meister und Schüler, bei der die wesentlichen Lehren des Buddhismus nicht durch Worte oder heilige Schriften, sondern unmittelbar in der intimen Gegenwart des anderen übermittelt werden.

Dies trifft auch perfekt auf das Entschuldigen zu.

E-Mails sind zwar zu unserer Hauptkommunikationsform geworden, aber sie sind nicht dazu geeignet, jemandem zu vermitteln, wie man sich wirklich fühlt oder was man wirklich denkt.

Stellen Sie sich vor, Sie wünschten sich, dass sich jemand bei Ihnen entschuldigt. Wenn Sie eine Mail bekämen, in der steht: »Tut mir leid wegen neulich«, hätten Sie dann das Gefühl, dass Sie eine aufrichtige Entschuldigung erhalten haben? Oder würden Sie sich gekränkt fühlen, weil die Person es per Mail getan hat?

Dies gilt nicht nur für Entschuldigungen – alle wahren Gefühle können nur persönlich wahrhaft zum Ausdruck gebracht werden. Bedauern, Eindrücke, Rücksichtnahme auf andere –, es ist es wichtig, all das direkt und persönlich zu vermitteln. Die wahre Tiefe Ihrer Gefühle vermittelt sich körperlich – durch Ihren Gesichtsausdruck, den Tonfall Ihrer Stimme und durch Ihr Auftreten.

Und solche Dinge kann man nur von Angesicht zu Angesicht beurteilen.

38

ZÖGERE NICHT, UM HILFE ZU BITTEN.

Jemand wird da sein, um dir zu helfen.

Ein Zengo sagt: »Öffne das Tor, und du wirst ein langes Leben und Glück finden.«

Dies bedeutet, dass Offenheit und Ehrlichkeit viel Gutes bewirken werden.

Wenn Sie eine schwere Zeit durchmachen, wenn Sie mit Schwierigkeiten konfrontiert sind, wenn alles zu viel für Sie ist, um es allein bewältigen zu können – dann sollten Sie wissen, dass Sie nicht alles allein auf sich nehmen müssen.

Öffnen Sie Ihren Geist. Wenn Sie Unterstützung brauchen, ist es besser, um Hilfe zu bitten, als die Last allein zu tragen.

Bescheidenheit und Beharrlichkeit sind Eigenschaften, auf die man stolz sein kann; aber es gibt Zeiten, in denen sie auch Schwierigkeiten bereiten können.

Ein typisches Beispiel ist die Pflege von Angehörigen. In Gesellschaften mit einer immer älter werdenden Bevölkerung wird die Zahl der pflegebedürftigen alten Menschen immer weiter zunehmen – was eine große Belastung für die Familien darstellt.

»Es ist schließlich mein Vater« – oder meine Mutter, mein Ehemann, meine Ehefrau –, »also muss ich derjenige sein, der sich um sie kümmert«, denken die Menschen. Ganz gleich, wie lästig, wie schwer es ist; ganz gleich, wie mühsam es auch sein mag: sie tun es klaglos weiter. Und so haben wir alte Menschen als Pfleger, die sich um Ältere kümmern; was zu einer unhaltbaren Situation führt und oft schlecht endet.

Auch Schwierigkeiten am Arbeitsplatz können unerträglich werden. Es gibt in Japan das Phänomen des *Karoshi*, des Todes durch Überarbeitung. Es gibt auch Depressionen, die durch Reibereien mit Kollegen oder Mobbing vonseiten eines Vorgesetzten verursacht werden. Das Leiden von Menschen kann über die Grenzen des Erträglichen hinausgehen.

Bitte tragen Sie die Last nicht ganz allein. Zögern Sie nicht, um Hilfe zu bitten. Durch den Ausdruck Ihrer Gefühle werden Sie sich beruhigen – und es wird jemand da sein, um Ihnen zu helfen.

»Wird Leid gemeinsam angenommen und getragen, so ist dies Freude.«

Dies sind die Worte der Friedensnobelpreisträgerin Mutter Teresa. Wenn wir selbst von Anfang an offen und ehrlich sind und unseren Schmerz in Worte fassen, wird das bei jemandem Gehör finden, der helfen kann, unsere Not zu lindern. Das Teilen unserer Sorgen wird sie in Glück verwandeln.

Es gibt keinen Grund zu zögern.

Worüber möchten Sie jetzt mit jemandem sprechen?

39

SEI EIN GUTER ZUHÖRER.

In Beziehungen geht es um Geben und Nehmen.

»Dieser Typ jammert und beschwert sich immer nur. Ich kann es kaum ertragen, in seiner Nähe zu sein.«

»Ich habe es so satt, mir ihr Selbstmitleid anzuhören!«

Solche Dinge hören wir fast jeden Tag.

Ganz gleich, ob es sich um einen witzigen Austausch oder ein tiefgründiges Gespräch handelt, das Beste an der Kommunikation mit jemandem ist das natürliche Hin und Her – wie bei einem Fangspiel. Aber da E-Mail und SMS sowohl im Beruf als auch im Privatleben oft zum wichtigsten Kommunikationsmittel geworden sind, sehen wir die Gesichter der anderen kaum noch und schaffen eher flüchtige, kurzlebige Begegnungen, sodass die Dinge, die wir gern zum Ausdruck brächten, in uns angestaut werden.

Es ist also verständlich, dass die Menschen gelegentlich etwas von ihrem angestauten Kummer loswerden wollen – dies kann ihnen helfen, Stress abzubauen.

Was ein klagender Mensch am meisten schätzen wird, ist ein guter Zuhörer. Begegnet er, während er sein Herz ausschüttet, jedoch einem unverhohlen missmutigen Gesichtsausdruck, so als sollte dieser zum Ausdruck bringen: »Noch mehr Gejammer?«, oder ist es offensichtlich, dass der andere nicht aufmerksam zuhört, so könnte dies die gegenteilige Wirkung haben und den Stress der klagenden Person noch verstärken, statt ihn zu lindern. Das könnte sogar zu einer gewissen Selbstverachtung führen.

Als Zuhörer sollten Sie nicht nur rücksichtsvoll genug zu sein, das Gespräch nicht zu unterbrechen oder den Gesprächsfluss nicht zu behindern. Sie sollten vielmehr begreifen, was Ihre Rolle als Zuhörer ist: dass Sie da sind, um anzuerkennen, was die andere Person zu sagen hat – und im Gegenzug Ihre Meinung anzubieten und Mitgefühl mit der anderen Person zu zeigen.

»Wenn das jemand zu mir gesagt hätte, wäre ich wahrscheinlich auch von der Rolle gewesen.«

»Ich verstehe das. Es ist nur natürlich, wütend darüber zu sein.«

Antworten wie diese signalisieren Ihr Mitgefühl, und wenn Sie deutlich machen, dass Sie zuhören, wird die andere Person nicht das Gefühl haben, dass ihre Klage unberechtigt ist. Das führt letztendlich zu einem beträchtlichen Abbau von Stress.

Natürlich sollte die andere Person dazu in der Lage sein, sich bei einem so guten Zuhörer wie Ihnen zu revanchieren. Das nächste Mal, wenn Sie vielleicht derjenige sind, der sich beklagt, sollte der andere derjenige sein, der mit der gleichen Aufmerksamkeit zuhört.

Dieses Geben und Nehmen ist das Geheimnis einer funktionierenden Beziehung. Wenn man einander erlaubt, sich bei Bedarf zu beklagen, hilft das, die Beziehung zu entwickeln und zu vertiefen.

Es gibt den Zen-Spruch: »Die kühle Brise fegt das helle Mondlicht weg; das helle Mondlicht vertreibt die kühle Brise.«

Werden sowohl die kühle Brise als auch das helle Mondlicht als schön empfunden, so kommen beide zu ihrem Recht, und sie verstärken zusammen die Schönheit des Ganzen.

Wenn wir dies auf menschliche Beziehungen anwenden, könnten wir sagen, dass ein Freund sich auf den anderen stützt, der ihm dann seinerseits hilft. Kann sich jeder auf den anderen verlassen, wenn er ihn am meisten braucht, so fördert dies das Vertrauen, das zu einer tiefen Beziehung führt.

In der Tat wird die Beziehung zwischen zwei Menschen stärker, wenn beide das Gefühl haben, gehört zu werden.

Ich habe bereits die im Buddhismus als wichtig erachteten »Sieben spirituellen Gaben« erwähnt. Die Dāna, wie sie genannt werden, sind Gaben, die wir anderen anbieten können.

Eines der Dāna ist ein »gütiges Herz«.

Es ist ein Geschenk des gütigen Herzens, mit anderen mitzufühlen. Jemandem die Zeit zu widmen, sich seine Sorgen anzuhören, ist zweifelsohne eine mitfühlende Geste. Wie wäre es, wenn Sie sich die Zeit nähmen, anderen dieses Geschenk zu machen? Die Praxis des selbstlosen Schenkens ist ein wichtiger Teil der Zen-Schulung, denn Zuhören, was andere quält, kann ein Weg sein, das eigene Herz zu vervollkommnen – es hilft, die eigene Großzügigkeit als menschliches Wesen zu vertiefen.

40

RICHTE DICH BEI DEINEN ENTSCHEIDUNGEN NICHT NACH GEWINN UND VERLUST.

Beziehungen, die nicht auf persönlichem Gewinn beruhen, werden von selbst glänzen.

Im Leben gibt es verschiedene Meilensteine und Scheidewege.

An diesen Punkten können wir uns verirren oder von Sorgen und Zweifeln geplagt werden. Sie zwingen uns, Entscheidungen zu treffen. Und um entscheiden zu können, was wir tun sollen, brauchen wir eine Reihe von Kriterien. Diese haben natürlich mit unseren Werten zu tun.

Wenn Sie zum Beispiel einen Job suchen, werden Sie unter anderem die Art der Arbeit, das Gehalt, die Sozialleistungen, die Urlaubszeit, die Anforderungen der Arbeit, den Status, der damit verbunden ist, und den Standort des Büros in Betracht ziehen. Sie wägen die Vorteile gegen die Nachteile oder die Gewinne gegen die Verluste ab.

Solche Maßstäbe für Gewinn und Verlust spielen auch in Beziehungen eine Rolle.

Wenn wir Menschen kennenlernen, kalkulieren wir die Vor- und Nachteile einer Beziehung. Das könnte so aussehen: »Ich habe zufällig diesen Typen getroffen – er arbeitet für die Firma XX. Die ist doch ein großer Kunde von uns, nicht wahr? Ich muss ihn unbedingt besser kennenlernen. Ich rufe ihn gleich morgen früh an.«

»Oh, sie ist nur eine Subunternehmerin, richtig? Nun, dann muss ich mir nicht die Mühe machen, sie besser kennenzulernen.«

Vielleicht pflegen Sie bestimmte Beziehungen, weil sie hilfreich oder vorteilhaft für Sie sind, oder Sie kümmern sich nicht weiter um die Person, weil Sie entschieden haben, dass bei ihr nichts für Sie zu holen ist.

Auch außerhalb der Arbeit versuchen Sie vielleicht, der Person zu gefallen, die großzügig die Rechnung übernimmt, während Sie nicht an jemandem interessiert sind, von dem Sie glauben, dass er keinen Vorteil zu bieten hat.

Natürlich weiß ich, dass die Welt nicht nur aus Idealisten besteht und dass, ganz gleich, wer man ist, auch ein bisschen Kalkül ins Spiel kommt. Aber wir dürfen unsere Beziehungen nicht auf Zweckmäßigkeit gründen. Wenn Sie die Bekanntschaft mit einer Person suchen, weil Ihnen dies vorteilhaft erscheint, wird die Angelegenheit schlecht enden. Weil Sie diese Person nicht verletzen oder sich bei ihr unbeliebt machen wollen, werden Sie immer vor ihr kriechen oder ihr schmeicheln wollen, und Sie werden unterwürfig sein. Die Beziehung wird unausgewogen sein; die andere Person wird dominieren und Sie sich unterwürfig zeigen. Und inmitten dieses Prozesses wird Ihr Geist überschattet, und Ihre Energie wird erlahmen. Sie werden Ihren schöpferischen Funken und Ihr Selbstvertrauen verlieren.

Im Zen gibt es ein altes Sprichwort: »Der höchste Weg ist nicht schwierig, nur abhold wählerischer Wahl.«

Der »höchste Weg« bezieht sich auf den Pfad zur Erleuchtung. Wir stellen uns vor, dass wir uns, um Erleuchtung zu erlangen, sehr strengen Übungen und Praktiken unterziehen müssen, aber das ist nicht wahr. Der Weg zur Erleuchtung ist keineswegs schwierig.

Aber was wir nicht tun dürfen, ist, Entscheidungen zu treffen, die auf Berechnung und dem Abwägen aller Möglichkeiten basieren – wir dürfen einfach nicht wählerisch sein. Das ist die Bedeutung dieser Zen-Redewendung.

Die Leute denken, der Weg zur Erleuchtung bestehe darin, ein seliges Leben, ein Leben voller Glück zu leben. Doch wollen wir so durchs Leben gehen, dann müssen wir aufhören zu bewerten – wir dürfen nicht so wählerisch sein.

Das Abwägen von Gewinnen und Verlusten ist das beste Beispiel dafür. Solange Sie damit beschäftigt sind, alles zu bewerten, werden Sie nicht in der Lage sein, Beziehungen zu wirklich guten Menschen aufzubauen. Sie können kein gutes Leben führen, keinen hellen und glücklichen Weg für sich selbst schaffen.

Es gibt einen weiteren Zen-Ausdruck, *Hogejaku*, der so viel bedeutet wie »alles loslassen«.

Das Erste, was wir loslassen sollten, ist sicherlich unsere ständige Beschäftigung mit Gewinn und Verlust. Wenn wir sie loslassen, können wir die wirklich wichtigen Dinge im Leben klarer sehen.

TEIL FÜNF

Verändere das *Wie* deiner Besorgnis,
und dein Leben wird sich
zum Besseren hin verändern.

Über Geld, Altern, Tod und dergleichen mehr.

41

GELD

Der Wunsch nach mehr macht alles nur noch schwieriger.

Dies sind die Worte des Buddha: »Das Verlangen des Menschen ist so groß, dass er nicht zufrieden wäre, selbst wenn er den Himalaya in Gold verwandeln könnte.«

Das menschliche Verlangen ist grenzenlos. Es nimmt kein Ende. Die klassische Manifestation dieses Verlangens ist die Geldgier. Sie ist in der Tat grenzenlos. Wenn es etwas gibt, das wir uns wünschen, sparen wir unser Geld, um es kaufen zu können. Aber wenn wir es erworben haben, wollen wir bald etwas anderes oder etwas Besseres. Und so brauchen wir mehr und mehr Geld.

Letztlich sind wir selbst dann, wenn es gar nichts mehr Besonderes auf unserem Wunschzettel gibt, auf der Jagd nach Geld. Dieses Verlangen ist zwanghaft, wir sind davon getrieben. Aber es ist wohl kaum der Weg zu innerer Freiheit.

Man kann das Leben so sehen, als ginge es vor allem darum, zu tun, was wir wollen, hart an dem zu arbeiten, was wir gut können, und einen Beitrag zur Gesellschaft zu leisten. Und damit können wir sogar Geld verdienen. Aber wir leben nicht für Geld. Wir tun all das nicht, um Geld anzuhäufen. Meiner Meinung nach fühlt sich das Leben leer an, wenn diese Dinge umgekehrt werden.

Es gibt den Spruch »Begehre wenig und kenne Zufriedenheit«. Im *Sutra des Vermächtnisses Buddhas*[11], das dieser auf seinem Sterbebett lehrte, sagte er zum Thema Zufriedenheit das Folgende: »Diejenigen, die Zufriedenheit kennen, fühlen sich selbst dann, wenn sie auf dem Boden schlafen, immer noch wohl und sind entspannt. Diejenigen, die keine Zufriedenheit kennen, finden selbst dann kein Genügen, wenn sie in einem Palast leben. Diejenigen, die keine Zufriedenheit kennen, sind arm, selbst wenn sie reich sind.«

Wenn Sie Ihr Leben mit dem Gedanken leben: »Ich habe genug; ich bin dankbar«, werden Sie auch dann, wenn Ihr Heim bescheiden und Ihre Nahrung einfach ist, reich im Geiste sein. Aber wenn Sie in Ihrem Leben nie zufrieden sind mit dem, was Sie haben, wird Ihr Geist selbst dann, wenn Sie in einer Villa leben und extravagante Mahlzeiten zu sich nehmen, immer noch nach etwas dürsten.

Sie mögen sich noch so viele Markenartikel kaufen, Sie werden nie zufrieden sein. Wenn das nächste neue Produkt auf den Markt kommt, werden Sie danach streben, es zu besitzen. Bei manchen Menschen ist dieses Verlangen so stark, dass sie ein Verbrechen begehen, um es zu befriedigen. Das kann ein elendes Leben werden.

Wenn Ihnen Markennamen nicht so wichtig sind, werden Sie vielleicht eher Gefallen an Dingen finden, die Ihnen wirklich entsprechen. Und wenn Sie sie gut nutzen, werden Sie sie noch mehr lieben und sich immer weniger von all den Produkten ablenken lassen, die um Ihre Aufmerksamkeit buhlen.

In Japan gibt es den Leitspruch: »Solange du wach bist, eine halbe Matte; wenn du schläfst, eine Matte;[12] selbst wenn du die Welt beherrschst, vier bis fünf Schalen.«

Ganz gleich, wie groß man ist: Wenn man wach ist, braucht man nur eine halbe Tatami-Matte. Zum Schlafen braucht man eine ganze Tatami-Matte. Und ganz gleich, wie viel Status und Einfluss Sie haben mögen, brauchen Sie für eine Mahlzeit nicht mehr als vier bis fünf kleine Schalen voll.

Das sind die Grundbedürfnisse für ein menschliches Leben.

Wollen Sie also jemand sein, der zufrieden ist, oder jemand, der nicht zufrieden sein kann? Welchen Weg wollen Sie gehen?

42

ÄLTER WERDEN

Je mehr du vergeben kannst, desto glücklicher wirst du sein.

»In letzter Zeit scheinen meine körperlichen Kräfte nachzulassen.«

»Ich habe jetzt weniger Energie als früher.«

Wenn wir älter werden, können wir wie Bäume sozusagen mehr Jahresringe ansetzen, aber das bedeutet nicht unbedingt, dass unsere Zufriedenheit mit dem Leben entsprechend zunimmt. Tatsächlich erleben die Leute, sobald sie sich dem Rentenalter nähern, oft ein Gefühl der Leere. Sie hören auf, etwas zu unternehmen, verbringen den ganzen Tag vor dem Fernseher oder sind viel weniger aktiv.

Vor einiger Zeit hat sich in Japan eine Redewendung eingebürgert, die sich über bestimmte Ehemänner lustig macht, welche sich aus dem Berufsleben zurückgezogen haben. Sie werden als »nasses Laub« bezeichnet. Einst waren sie Unternehmenskrieger, doch jetzt kleben sie an ihren Frauen wie nasse gefallene Blätter am Boden, die nur schwer wegzufegen sind.

Das Älterwerden kann schwierig sein. Aber wenn man sich vom Arbeitsleben zurückzieht, muss das nicht bedeuten, dass man sich vom ganzen Leben zurückzieht.

Anstatt zu beklagen, wie alt Sie geworden sind, sollten Sie sich zur Entdeckung der Vorteile des Älterwerdens aufmachen. Wenn

Sie ein langes Leben hatten, haben Sie eine Fülle von Erfahrungen angesammelt, die Ihr Leben bereichern und Sie oft befähigen, Schwierigkeiten und Kämpfe durchzustehen. Jede dieser Erfahrungen schult Ihren Geist und macht Sie zu einer großzügigeren Persönlichkeit. Dinge, die Sie in der Blüte Ihres Lebens nicht ertragen hätten, können Sie jetzt mit der Einstellung »Na ja, so etwas kommt vor« abtun. Denkweisen, die nur schwer zu akzeptieren waren, lassen sich nun leichter in Kauf nehmen – »Ich verstehe, so kann man das auch sehen«. Besitzt man eine solche Großzügigkeit des Geistes, so kann man nicht anders, als sich für noch mehr Erfahrungen zu öffnen. Das ist vielleicht eines der größten Geschenke des Alterns.

Es gibt ein Zen-Sprichwort, das aus dem *Goto Egen* stammt, einer Historiografie der Zen-Schule in der südlichen Song-Dynastie in China. Hier ist davon die Rede, dass wir mit zunehmendem Alter schwächer, aber auch lässiger werden. Wir sind nicht mehr so sehr an diese vergängliche Welt gebunden, haben weniger Obsessionen oder Sorgen. Wir haben kein größeres Vergnügen, als die grünen Hügel zu bewundern, während wir in Ruhe daliegen.

Dies ist der Inbegriff eines großzügigen Geistes. Wenn wir älter werden, fühlen wir uns vielleicht frustriert oder ängstlich, wenn wir nostalgisch an unsere verlorene Jugend zurückdenken. Aber ganz gleich, wie sehr wir uns dagegen wehren, wir können nichts dagegen tun. Wir müssen das Älterwerden einfach akzeptieren und eine entspannte Haltung einnehmen.

Die Autorin Seiko Tanabe sagt dazu Folgendes: »Gehört es nicht zu den Freuden des Alterns, mehr über die Menschen zu erfahren?«

Mit einem Reichtum an Erfahrung und Wissen kann es ein Vergnügen sein, jüngere Generationen zu beobachten. Lassen Sie uns diese Großzügigkeit des Geistes wecken.

43

DAS ALTER

Zen-Lehren zur Erhaltung des Aussehens, der Körperhaltung, der Atmung …

Ich sage oft: »Es ist wichtig, das Alter philosophisch zu betrachten.«

Aber das Alter philosophisch zu sehen ist nicht dasselbe, wie sich dem Alter zu unterwerfen.

Nehmen Sie zum Beispiel Ihr Aussehen und Ihre Körperpflege. Manche Menschen verbringen vielleicht die meiste Zeit zu Hause und ziehen es vor, dort einen Trainingsanzug zu tragen. Das ist zwar besser als ein Schlafanzug, aber wenn sie zum Einkaufen gehen, ziehen sie wohl eher etwas anderes an.

Unser Äußeres hat einen Einfluss auf unseren Geist. Präsentieren wir uns ordentlich und proper, so richten wir uns ein wenig gerader auf. Wenn wir aufrecht stehen, weitet sich unser Brustkorb, und wir atmen tiefer, was uns auch mehr geistige Energie verleiht.

Eine weitere Sache, die wir mit zunehmendem Alter berücksichtigen sollten, ist der Wert der Entwicklung eines Sinns für Humor. Humor kann Spannungen abbauen und Menschen aufmuntern. Er ist auch ein soziales Schmiermittel.

Sie brauchen einen geschmeidigen Geist, um Humor in Ihre Gespräche einstreuen zu können. Er ermutigt Sie, über die Entwicklungen in der Welt auf dem Laufenden zu bleiben, und hilft Ihnen, einen frischen Blick zu bewahren.

Als Danshi Tatekawa, ein Meister der humoristischen Erzählkunst *Rakugo*, jung war, ging er mit einem anderen Rakugo-Meister, dem verstorbenen Sanyutei Enraku, zum Schwimmen an den Strand. Nach einer Weile blickte Tatekawa-san[13] aufs Meer hinaus und sah, dass Enraku-san sich weit vom Ufer entfernt hatte und zu ertrinken drohte. Aber anstatt zu versuchen, ihn zu retten, saß Tatekawa-san offenbar einfach seelenruhig da und beobachtete die Geschehnisse.

Jemand anderer kam Enraku-san zu Hilfe. Es ist nicht überraschend, dass Enraku-san Tatekawa-san hinterher Vorwürfe machte: »Warum hast du nicht versucht, mir zu helfen?«, fragte er. Es heißt, dass Tatekawa-san nonchalant antwortete: »Wären wir beide gestorben, so wäre das das Ende der Rakugo-Welt gewesen. Ich dachte mir, sie könnte gerettet werden, wenn wenigstens ich überleben würde.«

Wenn Sie sich diese Szene vorstellen, entspannen sich dann nicht auch Ihre Lippen und kräuseln sich zu einem Lächeln? Die Stimmung lockert sich, nicht wahr?

Humor hat eine außerordentliche Kraft.

Wie ich schon gesagt habe, ist die Praxis die Essenz des Zen. Haben Sie also keine Angst, für Kalauer belächelt zu werden - lassen Sie Ihrem Humor einfach freien Lauf.

44

LIEBE

Auch in Sachen Liebe ist Maßhalten angesagt.

Was auch immer ich über die Liebe zu sagen habe, könnte peinlich wirken, aber ich werde meinen Mut zusammennehmen und versuchen, meine Gedanken zu diesem Thema zu äußern.

In der Liebe sollte man sich an die konfuzianische Lehre »*Hara hachi bun me*« oder »Bauch zu acht Teilen voll« halten; was bedeutet, dass man nur essen sollte, bis man zu achtzig Prozent satt ist.

Wenn ich mich hier auf »Bauch zu acht Teilen voll« berufe, meine ich damit: »Erwarte nicht, dass dein Partner perfekt ist.«

Wenn wir frisch verliebt sind, tun wir alles, was wir können, um uns mit unserem Partner zu identifizieren. Wir wollen, dass er hundert Prozent der Dinge weiß, die wir über uns wissen, und ebenso wollen wir hundert Prozent der Dinge über ihn wissen. Allerdings ist es unmöglich, wirklich alles über einen anderen Menschen zu wissen – wo er geboren wurde, in welchem Umfeld er aufgewachsen ist, welche Erziehung er genossen hat, mit welchen Menschen er zu tun hatte, und so weiter.

Offensichtlich sind wir alle unterschiedlich. Das dürfen wir nicht vergessen. Wenn Sie und Ihr Partner achtzig Prozent voneinander verstehen können – das heißt, wenn Sie akzeptieren können, dass achtzig Prozent genug sind –, dann ist das wahrscheinlich gut für Ihre Beziehung, und es ermöglicht Ihnen, die richtige Balance zu finden.

Zwanzig Prozent Ihres Partners bleiben unbekanntes Terrain. Das Geheimnisvolle und Faszinierende daran wird Ihr Interesse (und Ihre Zuneigung) für ihn aufrechterhalten.

Es gibt kein hundertprozentiges gegenseitiges Verständnis; und selbst wenn es das gäbe, würde die Frische und Anziehungskraft, die Sie beim ersten Treffen verspürt haben, nicht trotzdem verblassen?

Wenn Sie Ihren Partner nur zu fünfzig Prozent verstehen, scheint mir eine Beziehung schwierig zu sein. »Er ist so ganz anders als ich«, werden Sie vielleicht oft sagen.

Zu Beginn einer Beziehung ist das Aussehen ist ein wichtiger Faktor. Was jemanden zuerst anziehend für Sie macht, ist der Gedanke, dass sie oder er attraktiv, stattlich, gut aussehend oder hübsch ist.

Aber was auch immer es ist, das ein Paar zusammenbringt, sobald man merkt, wie sehr sich die Wertvorstellungen unterscheiden, ist es eine gute Idee, erst mal innezuhalten. Wenn Sie sich nur aufgrund des ersten Eindrucks für eine Heirat entscheiden, könnten Ihre unterschiedlichen Werte zu Rissen oder Brüchen in Ihrer Beziehung führen. Nehmen Sie zum Beispiel die Einstellung zu Geld. Einer von Ihnen ist vielleicht der Typ, der Geld spart und es mit Bedacht ausgibt, während der andere, wie das Sprichwort sagt, den Tagesverdienst ausgibt, noch bevor der Tag zu Ende ist.

Wenn es Ihnen in so einem Fall gelingt, einen offenen Geist zu bewahren, werden Sie den Unterschied anfangs wahrscheinlich tolerieren, aber Ihre Geduld wird nicht ewig anhalten. Schon bald werden Ihre Ansichten aufeinanderprallen, und das kann auf eine Trennung hinauslaufen.

Ähnlich verhält es sich mit dem Zeitmanagement. Wenn jemand, der sich in seiner Freizeit gerne entspannt und Musik hört oder Bücher liest, mit jemandem zusammenlebt, der seine Freizeit lieber damit verbringt, auszugehen, einzukaufen und in Restaurants essen zu gehen, ist es keine Frage, dass es zu Reibereien kommen wird.

Oder nehmen wir das Essen: Wenn die eine Person kalorienreiche Speisen mit hohem Fettgehalt liebt, während die andere einfache und frische Mahlzeiten vorzieht, ist es unwahrscheinlich, dass sie viele gemeinsame Mahlzeiten genießen können.

Ein Sprichwort lautet: »Liebe ist schönes Missverstehen – die Ehe grausames Verstehen.« Wenn Sie sich im Strudel der Liebe an die 80-Prozent-Regel »Bauch zu acht Teilen voll« erinnern, können Sie beweisen, dass dieses Sprichwort falsch ist.

45

DIE EHE

Worte der Wertschätzung machen eine gute Beziehung aus.

Zwischen Partnern, die schon lange verheiratet sind, gibt es tendenziell immer weniger zu besprechen. Es kann sogar sein, dass jeder Partner die Existenz des anderen fast als Teil des ihn umgebenden Ambientes betrachtet; vor allem, wenn es nichts Besonderes gibt, das mitgeteilt werden muss. Wie in jenen vergangenen Zeiten, als die einzigen drei Worte, die ein Ehemann im Haus aussprach, »Bad«, »Abendessen« und »Bett« waren, kann man beinahe hören, wie der Wind durch die Ritzen der zugigen Ehe weht.

Hier ist, was eine Ehefrau zu sagen hat: »In meinem Haus wird viel geredet, auch wenn das meiste davon Lamentieren ist. Sein Chef hat dies gesagt, sein Kunde hat jenes getan ... Ich weiß, dass es für ihn ein Weg ist, Stress abzubauen, wenn er über seine Arbeit sprechen kann. Aber für mich, die ich mir das immer anhören muss, summiert sich das, wie Sie sich denken können.«

Ich denke, das ist ein wichtiger Punkt. Vielleicht gilt für diese Frau der Spruch: »Am besten ist es, wenn der Mann gesund ist – aber nicht im Haus.«

Aber lassen Sie uns noch einmal nachdenken: Was bedeutet es, wenn Ihr Ehepartner viel jammert? Es ist ja nicht so, dass der Ehemann sich bei jedermann ausweinen kann. Zum Beispiel kann er diese Dinge nicht im Büro aussprechen – oder?

Selbst wenn er im Büro jemanden hat, bei dem er sich beklagen kann, könnte dies riskant sein. Oder die Person, bei der er sich beschwert, könnte sagen: »Ich will nichts mehr davon hören. Wenn du so unglücklich bist, warum kündigst du dann nicht?« Das vorherrschende Bild von einem Ehemann außerhalb des Hauses ist, dass er lächelt und die Situation erträgt, ganz gleich, wie viel sich in seinem Inneren angestaut hat.

Wenn Sie derjenige sind, bei dem sich Ihr Partner ausheulen kann, tut er damit kund, dass er Ihnen vertraut. Er sagt damit im Grunde, dass er sich wohlfühlt, wenn er Ihnen sein Herz ausschütten kann, und dass er sich bei Ihnen sicher genug fühlt, um das zu tun. Wenn Sie das bedenken, wird es Sie vielleicht nicht mehr so sehr stören.

Im Zen haben wir das Wort *Ro*, welches bedeutet, dass etwas völlig entblößt oder ungeschützt ist, ohne etwas zu verbergen. In der Welt der Teezeremonie wird der offen liegende Bereich des Gartens, der das Teehaus umgibt, als *Roji* bezeichnet.

Der Roji ist ein Raum, der es uns erlaubt, unser wahres Selbst zu sein. Wenn wir auf das Teehaus zugehen, legen wir unsere Natur bloß. Früher war es so, dass die Menschen in verschiedene Ränge oder Positionen innerhalb der Gesellschaft hineingeboren wurden – etwa Samurai, Dichter, Kaufmann –, und für jeden dieser Ränge war es erforderlich, die dem jeweiligen Stand entsprechende Rüstung zu tragen.

Der Zweck des Roji ist, als ein Platz zu dienen, der sagt: »Bitte tritt hier ein und lege ab, was an dir haftet.«

Wenn du die Dinge ablegst, die an dir haften, wird deine ursprüngliche Natur enthüllt, und wenn du das Teehaus betrittst, das einen Buddha-Bereich repräsentiert, überschreitest du die Grenzen von Rang oder Stand mit offenem Herzen. Dies ist die Welt von *Chanoyu*, dem Weg des Tees, wie er der Vision des großen Teemeisters Sen no Rikyū entspricht.

Sich zu beschweren scheint wenig mit dem Weg des Tees zu tun zu haben, aber wie dort geht es hier darum, sein wahres Wesen zu offenbaren und zum Ausdruck zu bringen, sodass Sie Ihr Vertrauen zu Ihrem Partner in einem Ausbruch aufrichtiger Gefühle artikulieren können. Es wäre bedauerlich, mit einem »Jetzt geht das schon wieder los!« zu antworten.

Sicherlich ist Jammern ein unbewusster Ausdruck von Vertrauen – auf den der Zuhörer erst einmal kommen muss. Es ist auf jeden Fall besser, das Vertrauen ausdrücklich und offen zu vermitteln.

Sie kommen vielleicht mit einem mürrischen Gesichtsausdruck nach Hause, und weder Sie noch Ihr Partner sagen ein Wort zueinander, während beide vor dem Schlafengehen fernsehen. Aber wenn Sie verkünden: »Ich bin zu Hause!«, sobald Sie zur Tür hereinkommen, kann Ihr Partner kommen, um Sie zu begrüßen, und fragen, wie Ihr Tag war.

Im Zen geht es um Handlung und Verhalten. Es reicht nicht aus, sich im Vertrauen auf jemanden einfach nur wohlzufühlen – es ist wichtig zu versuchen, Ihr Vertrauen durch Ihr Handeln zum Ausdruck zu bringen.

Eine Möglichkeit, dies zu tun, wäre, Ihre Dankbarkeit mit einem Dankeschön zu zeigen, wenn Ihnen jemand eine Mahlzeit oder ein Getränk serviert. Oder Sie demonstrieren Ihre Rücksichtnahme, wenn eine größere Einkaufstour als üblich erforderlich ist, indem Sie sich vorab ein wenig beraten und anbieten zu helfen. Genau in solchen Situationen schaffen Sie eine Atmosphäre, in der Sie auch einmal Ihre Klagen offen äußern können. Machen Sie Ihrem Partner bewusst, wie dankbar Sie dafür sind, dass Sie ihm vertrauen können.

46

KINDER

Helikopter-Elternschaft pflanzt die Saat der Sorge.

Vieles in der Beziehung zwischen Eltern und Kindern hat sich im Laufe der Jahre verändert. Der größte Wandel betrifft vielleicht die Frage, wie sehr man sich in das Leben der Kinder einmischen sollte.

Früher gab es in den meisten Familien viele Kinder und die Haushalte waren ärmer, sodass die Eltern nicht in der Lage waren, sich intensiv um ihre Kinder zu kümmern. Es war oft so, dass der älteste Bruder oder die älteste Schwester auf die jüngeren Geschwister aufpasste, sie betreute und sich auf verschiedene Weise um sie kümmerte. Die Kinder hatten eine gewisse Distanz zu ihren Eltern, die es ihnen ermöglichte, leichter ihre Unabhängigkeit zu erlangen. Und mehr noch: Der Tumult der Geschwisterbeziehungen vermittelte den Kindern ein wesentliches Wissen um die konfuzianische hierarchische Gesellschaftsordnung in Hinsicht auf die älteren und jüngeren Familienmitglieder, und er förderte die Rücksichtnahme auf die Schwächeren.

Aufgrund des Rückgangs der Geburtenrate können die Eltern heute zunehmend in das Leben ihrer Kinder eingreifen. Und angesichts des intensiven Wettbewerbs, in dem es fast von Geburt an darum geht, die Kinder durch ihre Ausbildung für eine erfolgreiche Laufbahn zu positionieren, scheint es nicht besonders ungewöhnlich zu sein, dass die Eltern für einen guten Sohn oder eine gute Tochter, die fleißig lernen, alles nur erdenklich Mögliche tun.

So werden die Kinder unfähig, eigene Entscheidungen zu treffen und danach zu handeln, weil sie immer auf Anweisungen warten, bevor sie etwas unternehmen. Zweifellos stammt diese Tendenz bei den jungen Menschen von dieser infantilisierenden Eltern-Kind-Dynamik.

Hier ist die erstaunliche Geschichte eines skurrilen Vorfalls, der sich in einem Polizeirevier südlich von Tokio ereignete: Der neue Polizeichef traf ein, um sein Amt anzutreten, und die Belegschaft versammelte sich, um ihn zu begrüßen. Die Mutter des neuen Polizeichefs stand vorne, als dieser gerade seine erste Ansprache an die Belegschaft halten wollte. Sie schnappte sich das Mikrofon, ohne auf den Mann der Stunde zu achten, und hielt dann eine Rede über ihren Sohn. Stellen Sie sich vor, wie fassungslos dessen Untergebene waren.

Eine Mutter ist eine Mutter und ein Sohn ist ein Sohn. Auch wenn es einer Mutter schwerfällt, ihr Kind allein in das Leben hinausgehen zu lassen, und sie es immer bevormunden möchte, hätte sie doch genug gesunden Menschenverstand haben müssen, um zu wissen, wie unangemessen ihr Verhalten in dieser Situation war. Und es wäre nicht unbegründet gewesen, wenn der Sohn gesagt hätte: »Was fällt dir ein!«, und so seine Autorität behauptet hätte. Dass eine derart qualifizierte Person dies nicht getan hat und sich vor Dutzenden oder gar Hunderten von Polizeibeamten wie ein kleiner Junge verhielt, ist kaum zu glauben.

Natürlich will ich nicht behaupten, dass dies typisch ist, aber es würde mich nicht wundern, wenn etwas Ähnliches auch anderswo bereits passiert wäre.

Helikopter-Elternschaft verschärft das Problem nur. Sie verdirbt das Kind.

Im Buddhismus spricht man von den »Drei Geistesgiften« – Gier, Hass und Verblendung oder Unwissenheit. Sie repräsentieren die weltlichen Versuchungen, die wir überwinden müssen. Man könnte sie auch »ein begehrliches Herz«, »ein wuterfülltes Herz« und »ein törichtes Herz« nennen.

Helikopter-Elternschaft ist giftig – ein Ausdruck von Verblendung.

Im Buddhismus heißt es: »Zu denken, dass du Reichtum besitzt, weil du ein Kind hast, ist etwas, das Leiden über die Törichten bringt. Wir besitzen nicht einmal unser eigenes Selbst, wie also könnten wir ein Kind oder Reichtum besitzen?«

Wenn Sie Ihren Geist von der törichten Vorstellung befreien können, dass Sie Ihre Kinder besitzen, dann werden Sie eine erfrischende, angemessene und glückliche Beziehung zu Ihren Kindern haben.

47

TOD

Wir sollten unser Sterben dem Buddha anvertrauen.

Je älter wir werden, desto weniger mögen wir uns eingestehen, dass die Realität des Todes uns immer näher rückt. Am deutlichsten spüren wir das vielleicht, wenn wir uns dem Alter nähern, in dem unsere Eltern gestorben sind.

Bis dahin haben wir wahrscheinlich bereits an Beerdigungen der Eltern unserer Freunde, von Bekannten und Arbeitskollegen teilgenommen. Die Worte der Trauer, die wir bei dieser Gelegenheit geäußert haben, waren damals sicherlich bedeutungsvoll; aber ich vermute, dass wir das drohende Schreckgespenst des Todes nicht sehr stark gespürt haben.

»Ich bin schon auf mehreren Beerdigungen gewesen und habe mein Beileid bekundet, aber ich habe nie wirklich verstanden, was die trauernde Familie empfand. Erst nach dem Tod meines Vaters wusste ich, wie es ist, jemanden zu verlieren, der einem so wichtig ist.«

So etwas höre ich oft. Der Tod fühlt sich erst real an, wenn ein Elternteil stirbt, und das Alter, in dem dieser starb, wird zu einem Markierungspunkt für das eigene Leben.

»Ach, das Leben, das mir noch bleibt, ist wie restliches Kleingeld.«

So war es auch bei meinem Vater. Das Alter, in dem seine Eltern starben, wurde zu einem Markierungspunkt. Er lebte sein Leben bis zu diesem Punkt in vollen Zügen; aber darüber hinaus, denke ich, nahm er die verbleibende Zeit dankbar als »restliches Kleingeld« an.

Wenn wir selbst das Alter erreicht haben, in dem unsere Eltern gestorben sind, denken wir vielleicht: »Ah, bald erreiche ich den Silvesterabend meines eigenen Lebens.«

Das *Shushōgi* – »Die Bedeutung von Praxis und Bestätigung« – ist ein Text mit wichtigen Auszügen aus Dōgen Zenjis *Shōbōgenzō*, der die Lehren der Sōtō-Schule des Zenbuddhismus für Laien leichter zugänglich machen soll. Er besteht aus fünf Abteilungen, jede mit einunddreißig Paragrafen. Die erste Abteilung beginnt mit folgenden Worten: »Das wichtigste Thema für Buddhisten ist die gründliche Klärung der Bedeutung von Leben und Tod.«

Dōgen Zenji sagte auch: »Wenn wir am Leben sind, müssen wir voll und ganz leben. Wenn wir sterben, müssen wir voll und ganz sterben.«

Warum macht Zen die Dinge immer so kompliziert, mögen Sie sich fragen? Aber eigentlich ist die Sache gar nicht so schwierig. Solange wir am Leben sind, löst der Gedanke an den Tod Unruhe und Angst aus. Der Grund dafür ist, dass wir uns den Tod als das Ende des Lebens vorstellen; als eine Auslöschung des Lebens.

Im Zen heißt es auch: »Beurteile weder Vergangenheit noch Zukunft.«

Jeder Augenblick existiert für sich selbst, ohne Beziehung zu dem, was vor ihm war, oder dem, was nach ihm kommt. Leben und Tod sind jeweils ihr eigenes Absolutes. Im Leben geht es nicht darum, auf den Tod zuzugehen, und der Tod ist nicht das Ende des Lebens.

Voll und ganz zu leben bedeutet, das Absolute dieses Lebens zu erfüllen, indem man es nach bestem Vermögen lebt. Da wir keine

Kontrolle über unseren Tod haben, sollten wir ihn dem Buddha anvertrauen. Wenn wir voll und ganz leben, wird das Absolute des Todes ganz natürlich folgen. Das heißt, voll und ganz zu sterben. Ich glaube, das ist es, was Dōgen Zenji gemeint hat.

Solange du am Leben bist, widme dich nur dem Leben.

Dem wohnt keine Angst oder Furcht vor dem Tod inne.

Ich habe bereits von Ekiho Miyazaki erzählt, der einhundertsechs Jahre alt wurde und selbst nach seinem hundertsten Lebensjahr noch die gleichen asketischen Praktiken wie die jungen Mönche ausübte. Er sagte Folgendes: »Die Menschen fragen sich, wann der richtige Zeitpunkt zum Sterben ist, und sie denken: ›Wenn ich erleuchtet bin.‹ Aber das ist falsch. Friedlich und mit Gelassenheit zu leben, das ist Erleuchtung. Es ist nicht schwer, friedlich und mit Gelassenheit zu leben. Wenn es an der Zeit ist zu sterben, ist es das Beste zu sterben. Solange es an der Zeit ist zu leben, ist es am besten, friedlich und mit Gelassenheit zu leben.«

Für mich ist Miyazaki Zenjis Vorstellung von einem Leben in Frieden und mit Gelassenheit dasselbe wie Dōgen Zenjis Idee, dass wir voll und ganz leben müssen.

Zweifellos ist dies nicht so leicht, aber es ist der Zustand, den wir anstreben sollten. Jenseits davon liegt die Ruhe des Absoluten des Todes.

48

DER ABSCHLUSS

Was werden die Worte sein, durch die Sie in Erinnerung bleiben?

Wenn Sie sich auf Ihr Ende vorbereiten, mit welchen Worten möchten Sie in Erinnerung bleiben?

Als ein Mann aus meiner Gemeinde starb, verließ er uns mit dem Ausruf »*Banzai!*«. Dieses eine Wort, das ewiges Leben und Wohlstand bedeutet, fasste alles zusammen, was er im Leben erreicht hatte – einem Leben, in dem er nichts zurückgelassen hatte.

Aber das allein reicht nicht aus. Die letzten Worte des berühmten Zen-Mönchs und Malers Sengai, der während der Edo-Periode (1603–1868) in Japan lebte, waren: »Ich werde nicht mit dem Tod gehen.« Sengai war für seine kontroversen Lehren und Schriften bekannt. Einmal verfasste er ein satirisches Gedicht voller Sarkasmus über die Regierung des obersten Vasallen des Daimyo: »Es wird nicht gut ausgehen für den Vasallen, der glaubt, dass alles gut ist. Der vorherige Vasall dachte, alles sei gut.«

Sengais Schüler wussten also nicht, ob sie seine letzten Worte für bare Münze nehmen sollten. Ich selbst frage mich, ob sie nicht eine tiefere Bedeutung hatten.

Es war üblich, dass Zen-Mönche zu Beginn eines jeden Jahres übten, ein *Yuige*, ein Todesgedicht in chinesischem Versmaß, zu verfassen, das den Stand ihres Bewusstseins widerspiegelte. Diese Tradition ist verblasst, aber ich kann mir vorstellen, dass einige der Yuige als letzte Worte der Mönche gedient haben.

Mein eigener Vater hinterließ folgendes Yuige:

Nackter Boden, wo das Unkraut verschwunden ist, Gras macht Platz für das Reine Land
Diese acht-sieben Jahre, diese acht-sieben Jahre
Seine Gesundheit erschöpfend, um im Kenkō zu dienen
Ging es Shihō im Zen nur darum, den Weg zu Ruhe und Frieden im Glauben zu gehen

Er brachte sowohl seinen eigenen Namen, Shihō, als auch den Namen des Tempels Kenkōji, in dem er als Oberpriester diente, in dieses Gedicht ein. Ich kann nicht umhin zu glauben, dass die Gefühle, die mein Vater über sein Leben hatte, in seinem Yuige widergespiegelt werden.

Ich möchte Sie ermutigen, Ihre eigenen Gefühle über Ihren Geisteszustand zu Beginn eines neuen Jahres aufzuschreiben. Es ist natürlich nicht notwendig, dass diese Gefühle ein Bewusstsein des Todes beinhalten. Es kann auch um Ihre Vorsätze gehen – was Ihre Hoffnungen für das kommende Jahr sind, wie Sie das neue Jahr leben möchten. Welche Gedanken auch immer Ihnen kommen, wenn Sie den Kalender umdrehen.

Hier ist eine weitere Möglichkeit: Jedes Jahr am 12. Dezember gibt es im Kiyomizu-Tempel in Kyōto eine Zeremonie, bei der das »*Kanji* des Jahres« bekannt gegeben wird, also das Schriftzeichen, das als repräsentativ für das vergangene Jahr gewählt wurde. Zu Beginn eines neuen Jahres könnten Sie ein Wort oder einen Satz wählen, der Ihren Gemütszustand in diesem gegenwärtigen Moment repräsentiert.

Wir wissen nicht, wann der Tod eintritt, aber solange wir Menschen sind, wird er uns alle ereilen. Wenn diese Zeit gekommen ist, wird es den Hinterbliebenen ein Anliegen sein, etwas über die Gefühle ihrer lieben Verstorbenen zu erfahren.

»Ah, ist es das, woran sie gedacht haben, ist es das, was sie gefühlt haben?«

Wenn wir durch das, was sie zu Beginn des Jahres aufgeschrieben haben, nur einen kurzen Einblick in das erhaschen können, was die Verstorbenen gedacht haben, wäre es viel einfacher, sie in unserem Herzen zu verabschieden. So denke ich darüber.

Überlegen Sie, ob Sie Ihr eigenes Yuige zu einer jährlichen Tradition machen wollen.

INDEX DER ZENGO ODER ZENSPRÜCHE

Sieh genau hin, was unter deinen Füßen ist. (Vorwort)
Iss und trinke mit ganzem Herzen. (Vorwort)
Mach dir keine Illusionen. (Kapitel 1)
Einmal erleuchtet, gibt es keine Vorlieben mehr. (Kapitel 1)
Verweile im Atem. (Kapitel 2)
Hand in Hand gehen. (Kapitel 4)
Trage keine gefärbte Brille. (Kapitel 6)
Für jedes siebte Mal, das du läufst, solltest du einmal sitzen. (Kapitel 10)
Spirituelle Erleuchtung kommt nur durch persönliche Erfahrung. (Kapitel 13)
Verwandle die große Erde in Gold. (Kapitel 15)
Die Wolke ist ichlos, sie wird von der Schlucht nicht zunichtegemacht. (Kapitel 16)
Lass dich nicht beirren, selbst wenn die acht Winde wehen. (Kapitel 18)
Die alte Ahle kommt gerade recht. (Kapitel 22)
Tag für Tag ist ein guter Tag. (Kapitel 23)
Alle Dinge treten aus dem Nichts hervor. (Kapitel 25)
Flexibler Geist. (Kapitel 27)
Spirituelles Erwachen kann nur durch intuitives Begreifen erlangt werden. (Kapitel 28)
Der gewöhnliche Geist ist der Weg. (Kapitel 29)
Kehre nach Hause zurück, und sitze in Ruhe. (Kapitel 30)
Ichi-go ichi-e: Ein Moment, eine Begegnung. (Kapitel 31)
Jeder Schritt ist eine Gelegenheit zum Lernen. (Kapitel 32)
Sanftes Gesicht, liebevolle Worte. (Kapitel 33)

Wenn du eine Blume siehst, genieße die Blume, und wenn du den Mond siehst, genieße den Mond. (Kapitel 35)

Menju: Von Angesicht zu Angesicht. (Kapitel 37)

Öffne das Tor, und du wirst ein langes Leben und Glück finden. (Kapitel 38)

Die kühle Brise fegt das helle Mondlicht weg; das helle Mondlicht vertreibt die kühle Brise. (Kapitel 39)

Der höchste Weg ist nicht schwierig, nur abhold wählerischer Wahl. (Kapitel 40)

Hogejaku: Alles loslassen. (Kapitel 40)

Beurteile weder Vergangenheit noch Zukunft. (Kapitel 47)

ANMERKUNGEN

1 Ein Koan ist eine Anekdote aus der Zen-Literatur, die auf die letzte Wahrheit hindeutet und die logisches, begriffliches Verstehen transzendiert. Die Frage nach dem Sinn eines Koans lässt sich nur durch den intuitiven Sprung auf eine jenseits aller logischen Widersprüche und dualistischen Denkweisen liegende Ebene des Bewusstseins beantworten. (Anm. d. Übers.)

2 Gasshō ist das japanische Wort für die Geste des Zusammenlegens der Handflächen zum Gebet, zum Dank, zum Gruß, zur Ehrerbietung und zum Ausdruck anderer ehrfürchtiger Gemütsregungen. (Anm. d. Übers.)

3 Zenji ist ein japanischer Ehrentitel, der an den Namen besonders ehrwürdiger, tief erleuchteter Zenmeister angehängt wird. (Anm. d. Übers.)

4 Das japanische Sprichwort »Drei Jahre auf einem Felsen« *(Ishi no ue san nen)* besagt, dass man mit genügend Geduld und Ausdauer selbst einen kalten Felsblock, auf dem man sitzt, anwärmen kann. (Anm. d. Übers.)

5 So antwortet man zum Beispiel auf die Frage nach dem eigenen Wohlergehen mit der höflichen Floskel okagesama de: »Dank Ihrer (Hilfe)« oder »Dank der Götter« (geht es mir gut) – oder einfach »Danke der Nachfrage«. (Anm. d. Übers.)

6 Siehe hierzu zum Beispiel https://global-cultures.com/ueberstunden-in-japan-wie-sollte-sich-eine-fuehrungskraft-verhalten/(Anm. d. Übers.)

7 Ein Bodhisattwa (wörtl.: Erleuchtungswesen) ist ein Wesen, das nach Buddhaschaft strebt, um diese zum Heil aller Lebewesen einzusetzen. (Anm. d. Übers.)

8 Das Wort *Innen* bedeutet im alltäglichen japanischen Sprachgebrauch so etwas wie karmische Affinität. (Anm. d. Red.)

9 Dāna (wörtl. Gabe, Almosen, Spende) ist das freiwillige Geben von Materiellem, Energie oder Weisheit an andere, das als eine der wichtigsten buddhistischen Tugenden angesehen wird. (Anm. d. Übers.)

10 Ein chinesisches Wörterbuch nennt als erste Bedeutung des Schriftzeichens: Das Prinzip der Gegenseitigkeit, nach dem man seine eigenen Gefühle zu einer Regel macht, an die man sich im Umgang mit anderen Menschen hält. (Anm. d. Übers.)

11 Auch *Vermächtnislehre-Sutra* genannt. (Anm. d. Red.)

12 In traditionellen japanischen Wohnungen wird die Größe der Wohnfläche nicht in Quadratmetern gemessen, sondern nach der Anzahl der Tatami-Bodenmatten mit einer Standardgröße von 180x90 cm. (Anm. d. Übers.)

13 Das an den Familiennamen angehängte Suffix -san entspricht der deutschen Anrede Herr oder Frau. Es ist eine für das Japanische typische Form der Ehrerbietung, die auch verwendet wird, wenn man von einer nicht anwesenden Person spricht. (Anm. d. Übers.)